EXPOSITION

DE LA FOI POLITIQUE

DU

TIERS-PARTI.

Le parti parlementaire, renforcé par l'opposition dynastique, est la seule forme de gouvernement qui puisse prévenir toutes collisions funestes, réconcilier tous les ennemis, réunir toutes les différentes opinions, opérer la fusion de tous les partis, sauver le pays de toutes les horreurs d'une guerre civile et étrangère; la seule enfin qui se trouve en parfaite harmonie avec la révolution de juillet, et qui veuille et puisse en réaliser complètement toutes les espérances.

La force physique et l'influence morale d'une nation, et par conséquent l'autorité légitime se trouvent nécessairement concentrées dans la grande masse, dans l'immense majorité d'individus qui la composent et concourrent d'une manière directe et active à sa puissance, à sa paix, à sa prospérité et à sa gloire!

Langage de la raison, du bon sens et du droit commun.

Imprimerie de Mme de LACOMBE, Faub. Poissonnière, n. 1.

EXPOSITION

DE

LA FOI POLITIQUE

DU

TIERS-PARTI

OU

PARTI PARLEMENTAIRE-DYNASTIQUE,

Dans laquelle l'on démontre que le Système de gouvernement représenté par ce parti est la seule expression de la Révolution de Juillet, le seul véritable représentant de la nation, la seule forme d'administration qui convienne à la France dans le moment présent, dans l'état actuel de ses mœurs et de ses habitudes, la seule qui puisse satisfaire à tous ses besoins;

PAR UN AMI DE LA LIBERTÉ, DE L'ORDRE ET DE L'HUMANITÉ.

PARIS.

GARNIER, LIBRAIRE,

PASSAGE DE LA COUR DES FONTAINES, N. 1.

L. TERRY, Libraire, Palais-Royal, galerie Valois, n. 185.

1835.

Dieu a sagement établi l'ordre partout dans l'univers, parce que cet ordre fut absolument nécessaire pour la conservation des ouvrages qu'il venait de créer. A cet effet, il a établi la grande et universelle loi de l'équilibre, qui consiste dans un contrebalancement ou une équipondérance des corps opposés, *in pondere et mensurâ*, dans un poids et une mesure égale, pour régler, gouverner et tenir dans un état d'harmonie les mondes; pour animer, faire agir et mouvoir la matière dont ils se composent, qui, étant de sa propre nature essentiellement inerte et passive, tend toujours vers le repos et le chaos. C'est dans cette vue providentielle de haute sagesse, de prévoyance, d'ordre et de perfection, que le géomètre éternel, l'architecte suprême a établi les deux grandes et admirables lois d'attraction et de répulsion, les deux forces centripète et centrifuge, de l'action combinée desquelles résulte la régularité des apparitions des astres et des révolutions périodiques des corps célestes qui, par la force de ces puissances agissant sans cesse sur eux, sont déterminés à parcourir une ligne courbe, et sont ainsi tenus dans des orbites ou ellipses respectives de mouvement ou de repos, d'où naît cet ordre invariable qui existe et qui brille d'un éclat si vif et toujours nouveau, quoique ancien dans l'immense création. L'Ouvrier éternel a arrangé de telle manière l'action et l'influence de ce grand et merveilleux principe d'attraction, qu'elle est en raison inverse des carrés des distances des corps célestes sur lesquels elle agit, en sorte que l'influence de ce principe se trouve mitigée et graduée selon la proximité ou l'éloignement des corps soumis à son contrôle ou à sa puissance. C'est à cette graduation ou degré différent de l'application de l'attraction, que nous sommes redevables de l'harmonie admirable qui règne partout dans l'univers dont nous jouissons, et qui fait notre bonheur; c'est à cette même graduation que nous devons la succession si constante du jour et de la nuit, les vicissitudes si régulières des saisons de l'année, sans lesquelles le monde ne saurait exister! Telle est la marche que le Créateur a suivie pour conserver l'ordre dans le monde physique ou matériel, ordre qui nous étonne, qui nous ravit et que nous admirons avec tant de raison!

Dieu, toujours conséquent avec lui-même, également prévoyant dans toutes ses démarches, a dû nécessairement aussi pourvoir à la conservation de ses ouvrages dans les mondes moral et social. A cet effet, il a dû s'y servir des mêmes moyens d'ordre et d'harmonie que dans le monde physique ou matériel. Il a dû par conséquent y imprimer les traces indélébiles de l'ordre et de la perfection. Aussi voyons-nous que le Créateur, infiniment sage et toujours fidèle aux lois suprêmes de la droite raison et de la haute intelligence qui président à toutes ses volitions et à toutes ses opérations, tant morales que physiques, a gravé profondément dans le cœur de tous les êtres, tant irraisonnables que raisonnables qui composent ces mêmes mondes, l'idée de l'ordre et de l'harmonie, à laquelle ils sont obligés de soumettre toutes leurs volontés et toutes leurs actions. C'est cette idée indestructible et conservatrice d'instinct et de raison qui les détourne sans cesse du désordre, du dérèglement et de l'anarchie, et sans cesse les ramène à la vérité, à la justice, à la conservation et au perfectionnement de leur être.

Et certes, si le Créateur n'avait pas imprimé aux animaux mêmes l'idée d'ordre et de conservation, qu'est-ce qui les aurait empêchés de se dévorer et de s'entre-détruire?

Si le Créateur n'avait pas gravé d'une manière ineffaçable l'idée de l'ordre et de l'harmonie dans le cœur de tous les hommes, comment eût-il jamais été possible de pouvoir les unir en société et les gouverner? Si ce n'était l'impression de cette idée conservatrice, comment eût-il jamais été possible d'appeler tant d'hommes à la vie sociale, à la règle de la sociabilité et aux principes de la civilisation? Sans elle, comment eût-il jamais été possible d'adoucir le cœur farouche des hommes et les empêcher de se tuer et de s'entr'égorger dans des rixes et des guerres perpétuelles? Sans elle, qu'auraient pu faire les lois les plus sages, les préceptes les plus sublimes et les maximes les plus saintes du Législateur profond ou du philosophe-moraliste, *quid leges sine notione ordinis vanæ proficiunt?* Sans elle, qu'auraient pu faire tous les efforts, tout le zèle, tout le dévoûment et toute la sollicitude du magistrat, pour retenir l'audace de l'homme pervers et prévenir ses déréglemens et ses crimes? Sans cette idée d'ordre enfin, qu'auraient pu faire toutes les récompenses et tous les châtimens qu'a inventés la société pour détourner l'homme du vice et l'attirer vers la vertu? absolument rien. Il est donc évident que, sans cette idée d'ordre que le Créateur a si sagement gravée dans notre cœur, l'homme serait un être tout-à-fait déréglé et ingouvernable, un animal tout-à-fait intraitable et indomptable; et que la société, tranformée en un théâtre de désordres et de crimes, ne pourrait long-temps exister, attendu qu'elle serait composée d'élémens hétérogènes et discordans qui renfermeraient en eux les principes de sa propre destruction.

Terminons donc ce paragraphe en admirant la haute sagesse du Créateur, qui a pourvu si merveilleusement à la conservation de ses ouvrages immortels, tant dans les mondes moral et social que physique, par des principes non moins simples et sûrs que sublimes et infaillibles. Dans le monde matériel, privé d'intelligence, et par conséquent incapable de se gouverner lui-même d'après les principes du choix, de la raison et de la liberté, il a dû nécessairement adopter un système de gouvernement différent de celui qu'il a appliqué aux mondes moral et social, composés d'êtres intelligens, raisonnables et libres, et par conséquent capables de choix, un régime d'absolutisme, en y établissant des principes dominans, des corps puissans, des grands centres d'attraction, des points d'appui fixes, tels que le soleil dans notre système planétaire, et les autres soleils dans les autres systèmes planétaires. En un mot, il a dû le gouverner directement et activement par lui-même, en y faisant dominer sa volonté absolue et en y établissant une police sévère, une économie parfaite et une obéissance passive des corps divers qui le composent. Mais, quant aux mondes moral et social, il a dû nécessairement se servir d'un autre système de législation, d'autres voies d'ordre et d'autres moyens de conservation, vu que les êtres qui les forment sont doués à la fois de raison, d'intelligence et de liberté, et par conséquent du pouvoir de choix. A ces mondes il a dû nécessairement appliquer le gouvernement représentatif, leur donner un autre régime d'administration plus en harmonie avec la nature, les hautes prérogatives et les attributions sublimes de leurs habitans ; il a dû les laisser agir librement et les livrer en grande partie à eux-mêmes, afin qu'ils pussent mieux mériter ou démériter, selon le bon ou mauvais usage qu'ils voudraient faire de leur liberté. C'est par de telles voies, également sages quoique différentes dans leur genre, que Dieu pourvoit à la conservation de l'ordre et de l'harmonie dans ses ouvrages, tant dans les mondes moral et social que physique, et atteint ainsi d'une manière admirable la fin sublime qu'il s'était proposée dans leur création.

Quant au moyen de conserver cet ordre admirable dans le monde social, Dieu n'a désigné aucune manière particulière d'économie sociale ; il n'a ordonné aucune forme exclusive ou mode spécial d'administration ; il n'a choisi aucune espèce de magistrats ou gouvernans de préférence les uns aux autres ; il n'a pas établi des dépositaires des lois ou organes privilégiés du pouvoir, cela n'entrait pas dans ses vues, cela n'était pas nécessaire. Il s'est contenté de donner aux hommes une idée générale d'ordre et de conservation, en leur abandonnant à eux-mêmes le choix des moyens nécessaires pour atteindre cette noble fin. Oui, il a laissé, confié ce soin aux hommes eux-mêmes réunis en société, qui, selon les temps, les lieux, l'état de civilisation, le degré de police, l'éducation, le climat, le perfectionnement moral et religieux et mille autres circonstances accidentelles, doivent choisir le système de gouvernement ou combinaison sociale qui est le plus appropriée à leurs divers besoins et le plus en harmonie avec les lumières ou les ténèbres du siècle où ils vivent. Et en effet, une telle démarche était la seule qui fût convenable à sa majesté et digne de sa haute sagesse, attendu qu'elle seule suffisait et pouvait remplir son vaste plan d'économie universelle. Car, que veut Dieu dans le monde moral ou social, aussi bien que dans le monde physique? L'ordre, l'harmonie et la justice. Or, il est certain que ce grand objet peut parfaitement s'atteindre, eu égard au libre arbitre, en laissant aux hommes le soin de choisir le mode de gouvernement qu'ils préfèrent; et d'autant plus que, dans cette hypothèse, la liberté de l'homme et la providence de Dieu se trouvent conciliées!

Malgré toutes les différentes formes de gouvernement que les hommes ont adoptées jusqu'à présent pour entretenir l'équilibre politique ou balancement des pouvoirs, d'où résulte l'ordre dans le monde social, on n'a pu réussir à prévenir les abus, le désordre et les commotions qui ébranlent les fondemens de l'édifice gouvernemental, rompent ce même équilibre et troublent ce même ordre. On n'a pas été assez heureux jusqu'ici pour découvrir une combinaison sociale qui pût complètement arrêter les crimes affreux et les catastrophes déplorables qui affligent la société; on n'a pas été assez heureux pour résoudre le grand problème de la meilleure forme d'administration, et pour trouver une machine gouvernementale dont les rouages seraient en si parfait unisson et joueraient avec si peu de froissement qu'ils n'en entravassent, n'en arrêtassent pas le mouvement régulier. Et certes, il n'est pas étonnant qu'on n'ait pu faire une telle découverte; car l'homme qui est l'objet sur lequel doit agir l'influence de toutes ces différentes lois ou de ces combinaisons sociales, est un être bien difficile à définir, extrêmement déréglé et contradictoire dans ses affections morales et ses modifications physiques, et par conséquent les meilleures lois du plus profond Législateur ne peuvent avoir sur lui qu'une action bien faible, qu'une prise bien incertaine. D'où il suit évidemment que, quelque soit la nature du gouvernement qu'on adopte pour le régir, elle sera toujours défectueuse et insuffisante, en ce qu'elle ne pourra jamais entièrement étouffer le germe de corruption et de vice qui se cache au fond de son être, qui le porte au désordre, le sollicite vers le mal et tend continuellement à effacer l'idée d'ordre qui lui est innée, ni jamais complètement arrêter le torrent des passions fougueuses qui entraînent dans leur cours rapide le vaisseau fragile de sa raison. Ce déréglement déplorable, ce penchant dangeureux, cette tendance vers le mal, se montrent malheureusement, tant en ceux qui gouvernent que dans ceux qui sont gouvernés.

Tous deux également corrompus, s'efforcent sans cesse de se soustraire à l'empire de la loi et de se conduire selon les dictées de l'amour propre, les mouvemens de l'orgueil, les suggestions de la vanité, les appats de l'intérêt, les cris des passions et les caprices de l'arbitraire ; ils s'insurgent tous deux contre les règles invariables de la raison, de la sagesse, de la vérité, de l'ordre et de la paix ; tous deux ne ferment que trop souvent l'oreille à la voix sacrée de la conscience et du devoir, d'où naissent une lutte continuelle, une action et réaction constante, alternative et interminable entre ces deux puissances.

Mais si les gouvernés, aveuglés pour la plupart par leurs passions désordonnées, se révoltent souvent contre la loi qui les régit et en méconnaissent l'autorité, il est certain aussi que les gouvernans, enivrés par l'odeur d'un vain encens que leur offre la multitude asservie, éblouis par les prestiges de l'appareil imposant de grandeur et de majesté dont les entoure la société pour les mieux faire respecter des hommes et leur en attirer la vénération, se mettent souvent au-dessus des lois, les violent honteusement et usurpent, par un crime de lèse-majesté, la souveraineté qui réside essentiellement dans la nation, qui ne peut jamais s'en défaire ni l'aliéner sous quelque prétexte que ce soit. Ces dépositaires du pouvoir exécutif, animés d'un esprit d'ambition, de vanité et de domination, ont souvent abusé du dépôt sacré des lois qui leur étaient confiées pour des raisons graves, se sont revêtus d'une lumière qui n'était que d'emprunt, ont empiété sur les droits du pays, se sont arrogé une autorité qu'ils n'avaient pas et ont attiré ainsi les plus grands maux sur eux-mêmes, et, ce qui est pis encore, sur la société, en y causant des désordres, l'anarchie, les commotions intestines, les guerres civiles et étrangères et tous les autres fléaux redoutables et les calamités désastreuses qui naissent en foule des révolutions irrégulières! Il y a différentes fautes ou vices des chefs politiques qui contribuent malheureusement à ramener cet état déplorable de choses, en précipitant les nations dans des abîmes affreux d'horreur et de destruction.

Parmi toutes les différentes causes qui peuvent amener des révolutions, la plus infaillible est sans contredit la faiblesse et l'injustice des souverains. Sans remonter à l'histoire des peuples anciens qui nous ont précédés, nous trouvons dans l'histoire d'Angleterre et de France une foule d'exemples qui ne permettent pas de douter un instant de cette vérité. Les règnes de Jean-Sans-Terre, de Charles Ier et de Jacques II, ceux de Clotaire III, de Charles-le-Gros, de Charles III, sont autant de preuves qui attestent combien l'incapacité et l'injustice d'un monarque peuvent être funestes à son peuple... La faiblesse de Louis XVI amena une révolution de sang, la nullité de Charles X a allumé une guerre d'extermination qui a ébranlé l'Europe, et qui agitera peut-être encore long-temps les nations, en mettant en présence, et, pour ainsi dire aux prises, les deux principes contraires de l'absolutisme et de la liberté. Semblable à un ouragan furieux ou à une tempête violente qui a soulevé profondément les flots de la mer, et dont les commotions se font vivement sentir après que la cause en a cessé, que les vents ont cessé de hurler et la tempête de rugir.

Cependant l'atmosphère politique se chargeait de sombres nuages; tels que les sourds mugissemens qui retentissent dans les abîmes affreux du volcan, et qui présagent une éruption prochaine; des bruits vagues circulaient dans le public, annonçant des mesures sévères et horribles. Mais personne ne pouvait encore calculer toute la somme des calamités dont la France et l'Europe tout entière seraient bientôt à la fois les théâtres et les victimes, ni de combien de ruines serait sous peu couverte cette terre désolée. Déjà un grand nombre d'individus ont été arrêtés et emprisonnés comme *suspects*. Ce mot, dont le sens indéfini a si souvent ouvert la porte à toutes les injustices, à tous les genres d'oppressions, et qui est devenu ce que les Français appellent *le mot de ralliement*, le synonime de ces deux autres mots, cours prévôtales et mort.

Depuis long-temps une voix unanime s'élevait de toutes parts avec force contre la plupart des actes de la royauté : ce que la France a de plus clairvoyant, de plus grand et de plus respectable par les talens, le mérite et la justice, s'efforçait, mais toujours en vain, de mettre sous les yeux du monarque aveuglé, les dangers qui sapaient les fondemens du trône d'où ses ministres l'ont précipité par leur conduite insensée et inconstitutionnelle.

Il vient d'être pesé à sa juste valeur, ce roi mal conseillé qui n'a pas su apprécier tout ce que les Français ont fait pour lui et les siens. Nouvel Ebroïn, le téméraire Polignac, son premier ministre favori, a voulu des vengeances personnelles ; un mot lui a suffi pour plier à son caprice la volonté de son faible maître... Tout ce que l'intrigue et l'hypocrisie avaient d'empire sur cette cour imprévoyante et corrompue, s'est montrée dans sa pleine vigueur, et le sang a coulé comme aux plus beaux jours de........

Mais pourquoi, lorsque je n'ai à m'occuper que de la relation fidèle des malheurs qui sont arrivés à tant de citoyens courageux qui ont péri, de l'exposition exacte et impartiale des différentes opinions qui divisent la France, que je viens déplorer les catastrophes qui en sont déjà résultées, et que je cherche les moyens les plus propres d'y apporter un remède prompt et efficace en m'efforçant de réconcilier des ennemis et d'opérer la fusion de tous les gens honnêtes, éclairés et consciencieux de tous les divers partis, ma plume cherche-t-elle à s'embarrasser dans le dédale ténébreux de l'origine des révolutions ou de rouvrir des plaies qui, loin d'être cicatricées, saignent encore? Ce n'est point pour exciter la haine que je trace ce rapide tableau; ce sont des larmes que je réclame pour tant de maux, c'est un cyprès que je dépose sur la tombe de tous les braves dont le dernier soupir fut pour la liberté et l'indépendance de la patrie, pour la régénération politique et morale de l'espèce humaine en général!

Loin de moi l'idée coupable de vouloir insulter au malheur et de triompher d'un ennemi vaincu. Il n'y a que des lâches et des méchans qui puissent prendre un plaisir si brutal, si cruel et si inhumain. Ce n'est pas dans le cœur de l'homme libre que l'on doit chercher une passion si basse, si vile et si criminelle! Ce n'est que chez les faux disciples, les hypocrites, les anarchistes et les destructeurs de la liberté, qu'une telle bassesse, une pareille lâcheté et une semblable cruauté peuvent se rencontrer. Je sais les caprices de la fortune, les vicissitudes et l'instabilité des choses humaines, et combien peu on doit compter sur leurs sourires fallacieux et trompeurs. Je n'ignore pas combien elles se plaisent à renverser les grandeurs humaines, à déjouer les projets des hommes et à humilier les puissans, en dissipant leurs vaines espérances !

Si donc je dis quelque chose d'acerbe et de poignant dans la suite de ce discours contre les partisans des différentes opinions dont j'entreprends de démontrer et de combattre les faux principes, ce sera parce que l'intérêt de la vérité et de la justice, la paix et le bonheur de la France, de l'Europe et du monde tout entier, m'y obligeront. Alors je dirai, comme tout homme honnête et consciencieux doit le faire : *Amicus Socrates, amicus Plato, amicus Aristoteles, amici, amici, sed majùs amica veritas.* Car, la vérité est la vérité. Elle éclate, elle frappe tous les esprits, elle triomphe tôt ou tard de tous les doutes. Il faut toujours la reconnaître et l'adopter. D'ailleurs, quand il s'agit des grands intérêts de la société et de l'humanité, de la cause sacrée de la vérité et de la justice, on ne doit pas balancer un seul moment de sacrifier ses intérêts, ses affections les plus tendres, tout ce qui est le plus cher au monde, la vie même, s'il le faut, plutôt que de les voir périr ou risquer de se perdre !

Une nouvelle ère commence, une nouvelle aurore vient de luire pour la France et pour l'Europe. Le signal de la réforme progressive, de la régénération politique et morale de la société et de l'espèce humaine est donné ; il ne s'agit maintenant que de poursuivre et d'achever d'un zèle soutenu et d'une fermeté inébranlable ce grand ouvrage d'améliorations gouvernementales, de remplir avec fidélité cette noble mission du perfectionnement de l'ordre social et de l'intégration de la dignité de l'homme si long-temps opprimé et dégradé par les vices et les crimes, effets funestes et inévitables des mauvaises institutions civiles et religieuses. Si les hommes sont sages, calmes et fermes, ils arriveront infailliblement à ce grand but de leur être, le bonheur et la félicité. Il n'y a rien que leurs propres fautes, imprudences, folies et extravagances qui puissent les empêcher de sûrement atteindre ce terme si sublime de leur existence. Pour cela ils n'ont qu'à se tenir sur leurs gardes contre les mauvais et dangereux conseils et les théories trompeuses et impraticables de faux amis, et de fermer leurs oreilles aux suggestions perfides et anti-sociales des tribuns turbulens et séditieux, des ochlocrates remuans et des ambitieux de toute classe qui, soit démocratiques, soit aristocratiques, soit militaires, soit monarchiques, ne cherchent qu'à les tromper et les exploiter à leur propre profit, et les égarer par des paroles vaines et des promesses illusoires qui ne peuvent jamais se réaliser sous aucune forme de gouvernement, ni sous aucune combinaison sociale quelle qu'elle soit, ou quelles que soient les conditions de son existence ; ils n'ont qu'à écouter attentivement et docilement la voix de ceux que la nature ou plutôt la providence envoie comme ses interprêtes pour les éclairer et les conduire dans la route qui mène au temple majestueux de la liberté et du bonheur, dont les portes sont toujours ouvertes pour les recevoir; là sont les conditions *sine quâ non* de leur liberté! là est tout le secret de leur paix, de leur prospérité et de leur félicité! La France se trouve dans ce moment en proie à différentes opinions politiques qui malheureusement paralysent ses efforts généreux, affaiblissent ses forces physiques et morales, le gênent dans ses opérations, l'entravent dans ses mouvemens et arrêtent sa marche majestueuse dans la voie des sages réformes et des améliorations utiles que demandent impérieusement depuis si long-temps les besoins du pays, les lumières du siècle, les progrès de la civilisation et la perfectibilité de l'espèce humaine. Oui, quatre différentes opinions ou partis politiques divisent la France, y entretiennent le malaise, en troublent l'ordre, en déchirent le sein, en éloignent la paix et retardent l'époque tant désirée de son repos et de sa prospérité. Ces opinions sont assez bien dessinées, tranchées, savoir: le parti carliste ou légitimiste, le parti républicain ou démocratique, le parti doctrinaire, je ne dirai pas le juste-milieu, car il ne mérite pas ce nom, et enfin le Tiers-parti ou plutôt le parti national. Tels sont les différens partis qui, malheureusement pour la paix et le bonheur de la France, la désunissent dans les circonstances actuelles.

Or ces quatre différentes opinions ou partis, sections, séries, etc., peuvent se subdiviser en une infinité d'autres nuances plus ou moins fortement prononcées qui diffèrent plus ou moins entre elles sur la manière d'entendre leurs systèmes, leurs principes respectifs, sur le mode de leur application et les moyens spéciaux dont il faut se servir pour les mettre à exécution et les faire triompher.

Il s'agit maintenant d'attaquer l'un après l'autre chacune des trois premières opinions, en faisant voir toute la fausseté et tout le danger de leur application, de les battre en ruines, et d'élever sur leurs décombres l'édifice majestueux du tiers-parti ou parti national.

Nous allons maintenant aborder la grande et dernière question du *Tiers-parti* ou plutôt du parti parlementaire, dynastique et national (*), et nous démontrerons que cette opinion politique ou manière d'envisager la révolution de juillet est la seule qui en est la véritable expression, la seule qui convienne à la France, la seule qui représente fidèlement le vœu de la nation, qui veut et qui peut réaliser toutes les promesses et toutes les espérances de cette révolution glorieuse.

Pour bien juger cette opinion, il faut remonter aux causes immédiates de la révolution de juillet, voir quels étaient les principes sur lesquels elle était basée, et examiner les motifs qui ont fait agir les hommes qui ont pris une part active dans ce changement ou événe-

(*) Je donnerai, dans une autre brochure, l'exposition et la réfutation de la doctrine des trois autres partis qui divisent la France et en réclament la souveraineté.

ment politique; l'objet qu'eurent en vue les auteurs qui ont préparé et hâté, par leurs écrits, leurs paroles, leur conduite ou leur influence, le dénoûment de ce grand drame, et enfin les raisons puissantes qui ont fait agir les masses, et qui leur ont fait opérer cette mémorable révolution.

La restauration avait, par les abus scandaleux de son autorité civile et ecclésiastique, fatigué et épuisé la patience de tous les honnêtes gens qui avaient de l'âme, de la conscience et le sentiment de leur propre dignité. Depuis son entrée dans le pays et depuis qu'elle avait octroyé la Charte de *son propre mouvement* et de *sa propre autorité*, comme elle le disait, elle n'a pas cessé de violer article par article la Charte dont elle avait juré si solennellement l'exacte exécution jusqu'à la mort. C'était d'abord une chose, ensuite une autre, sous des prétextes différens de sauver la société menacée, jusqu'à ce qu'enfin les ministres de Charles X franchissant toute barrière ont voulu par un seul coup lui porter une atteinte mortelle, et déchirer ainsi en lambeaux, à la face du ciel et de la terre, un Code qu'ils avaient promis en présence de l'autel, la main sur le saint Evangile, d'observer et suivre toujours fidèlement et loyalement. Eh bien! malgré une promesse si solennelle, ils n'ont pas balancé, rougi de violer cette Charte, ce pacte sacré fait entre le pays et le chef politique.

Cette violation si scandaleuse de la foi donnée, ce mépris si criminel de la loi fondamentale de l'Etat, qui, chez tous les peuples civilisés, est justement regardé comme un horrible sacrilége, ne fût pas plutôt connu dans la capitale et dans les différentes parties du royaume, qu'un murmure sourd, un cri général d'indignation s'éleva de toutes parts contre le roi et ses ministres qui avaient osé commettre un pareil attentat contre les lois fondamentales de la nation et les libertés publiques. L'attaque a été si injuste et si outrageante envers une nation si civilisée et si éclairée, qu'elle a profondément irrité tout ce qu'il y avait de cœurs généreux et capables d'apprécier la liberté et les droits de l'homme en général. Aussi, on n'entendit qu'une seule voix de réprobation et de malédiction qui s'étendait comme un éclair et retentissait, comme un coup de tonnerre d'un bout à l'autre du royaume contre le pouvoir exécutif qui s'était rendu traître et parjure, en usurpant les droits imprescriptibles de la souveraineté nationale dont était investi le pouvoir législatif. Aussi on a vu tous les citoyens, c'est-à-dire la grande majorité de la nation se réunir, accourir et voler aux armes comme des lions rugissans, sans autre impulsion que celle communiquée par une espèce d'instinct naturel, tant le crime était flagrant, et injurieux à l'honneur du pays! Aussi, rien ne put résister aux prodiges de valeur et d'héroïsme qu'ils ont déployés; de manière qu'on a vu fuir à leur première rencontre les partisans aveugles et stupéfaits du despotisme! Tous les nombreux satellites de l'absolutisme et de l'arbitraire, terrifiés à la vue des ennemis si courageux et si formidables, se sont enfui comme de timides agneaux à l'approche du loup ravisseur !

Le peuple de juillet vainqueur et maître souverain des destinées de la France, s'est montré à la fois généreux et magnanime. Quoiqu'il eût versé son sang, il n'exigeait d'autre récompense que l'honneur dû à ceux qui exposent ou sacrifient leur vie pour la liberté et les droits de la nation. Il s'est comporté d'une manière calme, réfléchie et digne des hommes qui aspirent au glorieux privilége d'hommes libres et indépendans. Possesseur des Tuileries, du Palais-Royal, de l'Hôtel-de-Ville et de tous les siéges du gouvernement, le peuple n'a pillé, n'a ravagé, ni endommagé la moindre chose ; il n'a demandé rien pour ses peines, rien pour prix de ses fatigues et du repos qu'il avait perdu ; point de récompense pour le sang qu'il venait de verser ; il ne demandait autre chose que la réparation des injures qui lui étaient faites, qu'une amende honorable pour l'insulte offerte à la nation. Rassemblé d'une manière solennelle aux environs de l'Hôtel-de-Ville, ayant à sa tête ses chefs de gloire, les élus de la nation, en qui il plaçait toute sa confiance, et après avoir délibéré et pris les conseils des plus éclairés d'entre eux, à l'instar de tous les peuples civilisés ou barbares qui se trouvent dans la même position, il a choisi la forme de gouvernement qui lui a paru la plus appropriée aux besoins de la nation et aux lumières du siècle. Quoiqu'il y eut un certain nombre d'hommes généreux, bien qu'exaltés, qui insistaient sur la forme républicaine, cependant le plus grand nombre des gens sages, modérés, expérimentés et éclairés jugeaient autrement, et enfin décidaient, par une grande majorité de voix, que le gouvernement constitutionnel entouré *d'institutions républicaines*, quoique moins brillant et séduisant en théorie, est néanmoins infiniment plus sûr et moins périlleux dans la pratiq e, et principalement pour la nation française dont les mœurs, les habitudes et l'esprit guerrier ne pouvaient comporter pour le moment, une plus grande extension ou latitude dans la jouissance de la liberté dont la coupe est de tout temps si enivrante et si dangereuse pour ceux qui ne sont pas préparés à en goûter toutes les douceurs.

Ce fut en conséquence de cette décision solennelle, de ce vœu unanime du peuple, que Louis-Philippe, qui jusqu'alors était regardé comme un ami des libertés publiques et des sages réformes constitutionnelles, fut nommé, dans le premier élan et enthousiasme des démonstrations de l'opinion publique, lieutenant-général du royaume, en attendant la sanction solennelle des représentans de la nation qui, comme conseil, sénat, ou autorité approbatrice, devait décider définitivement, d'une manière calme et juridique, la grande question de savoir, qui serait le chef politique, le premier magistrat ou principal membre du pouvoir exécutif. Enfin, quelques jours après ce grand événement, le 7 août 1830, les députés se sont réunis à cet effet, et ont choisi Louis-Philippe pour Roi des Français; et ce choix fut ensuite approuvé et sanctionné par tous les départemens, chefs-lieux et communes de France, dont la plupart envoyèrent des délégués pour adhérer à cette décision, présenter le tribut de leurs hommages au nouvel élu de la nation, et mettre le sceau de leur approbation au choix déjà fait!

La nation, émue à la vue d'un spectacle si sublime, et qui offrait tant d'espérances dans le nouveau gouvernement qui présentait tant de garanties et qui promettait de marcher droit dans la ligne que la glorieuse révolution venait de tracer en caractères de sang, s'empressa de mettre toute sa confiance et son espoir en lui. Elle ne doutait pas un moment de la sincérité de ses promesses, faites d'une manière si cordiale et si solennelle; elle ne soupçonnait pas que le gouvernement s'écarterait bientôt de cette route de devoir et de gloire qu'imposaient rigoureusement les nouveaux rapports qu'ils avaient formés, contractés envers la nation. Cependant, malgré toutes ces belles promesses et toutes ces grandes espérances, la nation ne tarda pas à apercevoir et à apprendre, à son étonnement et à son indignation, que le gouvernement s'était écarté de l'orbite et du degré de mouvement que la révolution avait marqués et communiqués; on a observé avec peine à travers l'optique et les lunettes d'approche que l'impulsion de vitesse donnée avait considérablement ralenti, que le nouveau corps politique avait éprouvé une perturbation considérable, et que le disque radieux du soleil de juillet commençait à se couvrir d'un nombre infini, de petites taches qui l'obscurcissaient et ternissaient sa splendeur!

Oui, la nation a vu, non sans une vive douleur, que loin de vouloir donner aux principes féconds de la révolution tous les développemens dont elle était susceptible, le gouvernement voulait, au contraire, en arrêter les progrès et retarder les effets heureux qu'on était en droit d'en attendre. De sorte qu'il paraît qu'on a voulu rétrograder, et, par des aberrations étranges, condamnées par l'esprit national, *légitimiser* la révolution en l'approchant du foyer de l'ancien régime et en longeant les côtes des pays absolutistes. Or, il n'est pas bien difficile de voir qu'une telle conduite morale et une telle carrière politique sont tout-à-fait contre l'esprit de la révolution et le vœu ardent de la nation, qui veut absolument une réforme radicale et des améliorations utiles dans les matières civiles et religieuses. Pour nous convaincre de cette importante vérité, nous n'avons qu'à remonter à la première cause de la révolution et aux différentes circonstances qui ont amené ce grand et mémorable événement.

Comme je viens de le remarquer plus haut, l'objet de la révolution de juillet 1830, ainsi que de celle commencée en 1789, était évidemment d'opérer une réforme, non-seulement dans la politique mais aussi dans la religion, dont les abus étaient devenus nombreux, scandaleux, et même incompatibles avec l'existence, la paix et la prospérité de l'une et de l'autre. On a voulu faire marcher ensemble ces deux grandes œuvres de régénération politique et morale; parce qu'il est évident, et tous les hommes sensés le reconnaissent comme une vérité incontestable, qu'une de ces réformes ne peut jamais marcher sans l'autre; il n'y a que quelques hommes pervers, insensés, extravagans et irréfléchis, qui osent mettre en problème un principe si clair, une vérité si irréfragable. D'ailleurs, l'expérience du passé et l'histoire de tous les peuples et de tous les pays sont là, pour le constater et confondre les mensonges et les sophismes de tous ceux qui présument, en présence de tant de preuves, de témoins, de lumières et d'évidence, le contester, et nier une tradition si universellement reçue. Et certes, les hommes sages et politiques qui ont conduit le char de la révolution, éclairés par les flambeaux brillans de l'expérience, de la raison et de l'histoire, durent donc, sans s'exposer à voir périr aussitôt que commencé, leur ouvrage, suivre une marche si sûre et si nécessaire, et que la nature des choses elles-mêmes leur indiquait. Non, une telle conduite de leur part aurait été non-seulement folle mais insensée; c'eût été vouloir la fin, sans adopter les moyens nécessaires pour arriver à cette fin; ce qui serait le comble de la folie et de l'extravagance; par une telle démarche et imprévoyance impardonnables, ils se seraient montrés les plus tristes et les plus aveugles de tous les philosophes et de tous les législateurs des temps anciens et modernes. Mais non, tous les gens honnêtes, sensés, éclairés et véritables amis de la patrie, se sont clairement prononcés sur cette matière importante; ils ont demandé d'une voix unanime une réforme efficace dans les matières politiques et religieuses, et ils se feront entendre, en dépit de toutes les clameurs bruyantes, de tous les préjugés et de toutes les passions. Du reste, la nation en masse le veut, et quel pouvoir secret peut résister à ses volontés souveraines!

Ce grand principe posé et démontré d'une manière incontestable, il s'agit maintenant de prouver, comme je l'ai promis, que le parti *parlementaire dynastique* ou autrement *national*, expression de la volonté générale, est la seule opinion politique qui puisse remplir ces hautes vues, exercer cette sublime mission, et réaliser ainsi toutes les espérances brillantes et utiles données par l'immortelle révolution de juillet. Pour prouver cette vérité, il suffit de faire voir en quoi consiste ce qu'on appelle l'opinion du Tiers-parti, et quels sont les hommes qui la soutiennent, les motifs qui les font agir et le but qu'ils se proposent.

Et d'abord, voyons en quoi consiste l'opinion du Tiers-parti. Cette opinion, purifiée au creuset de la raison, de la philosophie, de l'expérience et de la religion, se propose pour souverain bien le bonheur et la gloire de la patrie, l'union, la prospérité et la paix des citoyens; elle cherche à introduire dans les différentes branches de l'administration toutes les réformes et améliorations possibles; elle veut opérer en même temps dans la religion une réforme radicale de tous les abus qu'y ont entassés l'ignorance, l'imposture et la fourberie des hommes, la corruption des siècles et des pays, sans blesser toutefois les préjugés et les opinions religieuses des autres; elle respecte en tout les lois sacrées de la tolérance; elle a pour devise la *liberté civile et religieuse* de tous les peuples, de quelque pays, opinion ou couleur qu'ils soient ; elle fraternise avec tous les amis de l'humanité ; elle tend toujours vers la perfection sans trop se précipiter, en prenant toujours conseil des leçons de la haute législation, de l'expérience et de la morale : semblable à la nature elle-même, qui n'avance que par degrés insensibles au développement, à la maturité et à la perfection de tous ses ouvrages. La terre ne développe que lentement le germe du grain confié à son sein, et jamais d'une manière précipitée. Le soleil lui-même, tout glorieux et puissant qu'il est, ne parcourt que d'une manière insensible à nos yeux la carrière immense que le doigt du Créateur lui a tracée. C'est donc à l'imitation de la belle nature elle-même, qui fait tout d'une manière insensible, quoique sûre et irrésistible, que l'opinion du Tiers-parti avance dans ses ouvrages; c'est en suivant une telle marche qu'elle ne peut pas manquer d'arriver en sûreté au but de régénération politique et religieuse, d'émancipation intellectuelle qu'elle s'est proposée, sans des secousses violentes qui sont toujours dangereuses ; c'est pour atteindre plus facilement ce but sublime, objet unique de son ambition, qu'elle évite sagement tous les extrêmes, et tient soigneusement le juste-milieu : *In medio stat virtus : certi sunt denique fines quos ultrà citraque nequit consistere rectum : inter utrumque tene... medio tutissimus ibis.*

Convaincue que toutes choses, quelque bonnes qu'elles soient, la philosophie, la vertu, la religion elle-même, ont leurs limites qu'on ne peut pas franchir, l'opinion du Tiers-parti observe les règles de la prudence et de la modération en toutes ses démarches, *omnia in pondere et mensurâ*; animée d'un esprit de justice, elle ne se sert pas de deux poids et deux mesures; circonspecte dans ses procédés, elle se garde bien de heurter imprudemment les croyances politiques et la liberté de conscience des citoyens, tant qu'elles ne sont pas trop hostiles, trop manifestées, et que ceux qui les ont ne troublent pas l'ordre et la tranquillité publique par des démonstrations trop visibles; mais elle ne permettra pas follement, comme le gouvernement actuel, qu'on attaque directement le principe vital de la révolution, ce qui est une chose absolument absurde, et qu'aucun gouvernement sage ne doit ni ne peut permettre sans compromettre criminellement son existence même. Non, elle sait distinguer entre la tolérance et le *tolérantisme*, dont l'un est juste et raisonnable, et l'autre une injuste et lâche complaisance.

Eclairée par le flambeau de l'expérience, elle évite scrupuleusement toute infraction aux lois fondamentales de l'état, infraction si dangereuse et causant toujours des révolutions, des guerres civiles et tous les autres fléaux qui les accompagnent ordinairement. Loin de vouloir désunir les citoyens afin de pouvoir régner plus facilement sur eux, selon cette maxime machiavélique, *divide ut imperes*, divisez pour commander, elle cherche au contraire de les rapprocher et de les unir dans les liens indissolubles de l'amitié et de la confraternité. Désireuse de remplir en tout ses engagemens envers le pays et de réaliser les espérances qu'a fait naître dans le cœur de tous les Français la glorieuse révolution de juillet, elle prend pour boussole la Charte, qui en est la vive expression, comme règle invariable de sa conduite ; et le vœu national, exprimé par ses représentans, lui sert d'étoile du nord dans toutes les différentes branches de l'administration, C'est par de tels moyens honorables et seuls dignes d'un gouvernement véritablement sage, libre et indépendant qui veut le bien du pays et qui le cherche, qu'elle espère atteindre le but sublime que s'était proposé l'immortelle révolution de 1830.

Voyons maintenant quels sont les motifs qui ont fait agir les écrivains politiques et moraux qui, par leurs écrits, ont préparé la voie à la révolution, ainsi que les héros qui, par leurs efforts courageux et leur héroïsme invincible, l'ont opérée ou mise à exécution. Ces motifs ont été, n'en doutons pas, une réforme radicale de tous les abus qui s'étaient glissés dans le gouvernement civil et religieux. Leur objet était de détruire tous les abus et d'introduire dans le cœur de l'état et de l'église des institutions nouvelles et des améliorations sensibles, enfin de ramener l'un et l'autre gouvernement à leurs premiers principes, à l'ordre dont ils s'étaient écartés, en gardant tout ce qu'il y avait de bon, et en détruisant tout ce qu'il y avait de mauvais.

Leur objet était d'éloigner du sein de l'état et de l'église tout ce que les siècles y avaient introduit de vicieux, de réparer, par des moyens sûrs, faciles et prompts, toutes les pertes, tout ce que la corruption de l'homme avait fait éprouver à l'un et à l'autre. Les auteurs et les héros de la révolution ont voulu détruire tous les principes de corruption qui nuisaient aux intérêts du pays, au bonheur de l'homme, et apporter un remède à tous les maux qui affligeaient et désolaient depuis si long-temps la société; ils ont voulu effacer les tristes traces de tant de déplorables scandales et désordres qui troublaient depuis tant d'années la patrie, et lui rendre le repos, la paix et la prospérité; ils ont voulu régénérer l'un et l'autre, et leur rendre leur éclat primitif; ils ont voulu anéantir tous ces priviléges et droits illégitimes que s'étaient arrogés injustement des gens nobles, ambitieux, et qui se disaient pétris d'un autre *limon* que le reste de l'espèce humaine, et de réintégrer tous les citoyens dans les droits imprescriptibles que la nature, la société et la religion leur avaient octroyés. En un mot, ils ont voulu rétablir partout l'équilibre politique, moral et religieux qu'avaient rompu si honteusement tant de scandales et d'abus criminels pendant un si long laps de temps, et mettre ainsi chaque chose à sa place.

Tels étaient les motifs qui ont animé et fait agir les principaux auteurs et les héros courageux qui ont tracé et exécuté le plan de la révolution; telles sont les nobles inspirations qui les ont animés et fait agir dans les dernières circonstances, et triompher de tant d'obstacles qui se sont opposés à leurs efforts généreux et magnanimes ; telle est la fin que s'était proposée la révolution à jamais mémorable de 1830.

Espérons donc que des motifs si purs et si désintéressés, des efforts si nobles et si grands, une fin si sublime et si utile, seront appréciés par les amis de la liberté de tous les pays, de tous les siècles, de la postérité la plus reculée ; qu'ils influeront puissamment sur les destinées présentes et futures de toutes les générations, et qu'ils porteront les fruits qu'en attendent les partisans sincères de l'égalité, de l'indépendance et de l'humanité !

Et en effet, il est certain que les motifs les plus purs ont poussé, animé et fait agir ceux d'entre les partisans de la réforme, de la modération et d'une sage liberté qui ont travaillé à la révolution, et qui l'ont amenée à un port heureux. Pour s'en convaincre, on n'a qu'à considérer un moment le caractère, la physionomie politique, morale et religieuse des grands hommes de toute classe qui ont concouru à sa consommation. Quels étaient ces hommes puissans en œuvres et en paroles, qui ont coopéré à son exécution? Si on les considère un moment, on se convaincra bientôt qu'ils étaient, pour la plupart, des hommes d'honneur, de probité, de bonne foi, de désintéressement, enfin les élus, l'élite de la nation qu'ils représentaient, et qui avait mis toute sa confiance en eux, et son espérance en ce qu'ils feraient et décideraient en cette occasion. Et certes, il n'y a pas le moindre doute que tous les hommes véritablement éclairés, vertueux, honorables, vrais amis de la patrie, enfin la grande majorité ou masse de la nation, ne concourussent unanimement et loyalement à l'accomplissement de cette grande et immortelle œuvre de régénération.

Or, en toutes choses, lorsqu'il y a des différends et qu'il s'agit de connaître l'opinion ou la volonté générale de la nation, il faut nécessairement s'en rapporter à la majorité, comme la seule règle certaine, la seule manière juste, le seul moyen sûr et prompt d'arriver à une décision définitive, de connaître la vérité qu'on cherche. C'est la seule voie pacifique qui reste pour trancher nettement les questions et terminer les différends en litige. Sans admettre ce principe conservateur de sagesse, de modération et de justice, il n'y a pas d'autre voie pour décider l'affaire, vider la querelle, que celle des armes, que celle du plus fort, qui est toujours inhumaine dans ses motifs, cruelle dans ses moyens, funeste dans ses effets, désastreuse, sanglante dans ses résultats, voie qui est ordinairement injuste et qui ne donne jamais un droit véritable ; car si la raison brutale de la force pouvait donner un titre légitime, un droit réel, il s'en suivrait que le voleur et l'assassin qui volent ou assassinent un homme, parce qu'ils sont plus forts que lui, auraient droit, lorsqu'ils ont commis ces actes injustes, ces attentats atroces, ces crimes horribles. Or, quelle est la personne qui oserait soutenir une pareille absurdité, une semblable impiété ?

Et en effet, si on s'écarte de cette voie pacifique,

modérée, juste et sainte, quand il s'agit déterminer les différends qui s'élèvent dans un pays quelconque, pour connaître l'opinion de la grande majorité et la volonté générale, il n'y a que la voie des armes et toutes les suites déplorables qui s'y rattachent, pour mettre fin à la querelle fâcheuse qui éclate. Et c'est faute d'avoir suivi une marche si simple, si naturelle et si juste, d'avoir adopté un plan de réconciliation, un genre de décision à la fois si simple, si rationnel et si sage, qu'on a vu naître tant d'indiscrétions politiques, tant de divisions funestes, tant de guerres civiles et déplorables qui ont fait verser, dans tous les temps et dans tous les pays, des torrens de sang, troublé la paix et la prospérité des nations !

Il est donc grandement à désirer, pour la paix du monde et le bonheur de l'humanité, qu'on adopte au plus tôt cette manière simple, pacifique et non dangereuse de décider les différends et les querelles qui s'élèvent touchant les opinions et le vœu général d'une nation. Et certes, si on avait voulu suivre cette route de sagesse et de modération, au lieu de recourir à des voies de fait, à la violence et aux armes, comme l'avaient conseillé le bon sens, la raison et l'humanité, que de malheurs de tout genre n'aurait-on pas heureusement évités ! Que de larmes amères n'aurait-on pas épargnées à des mères tendres, à des veuves inconsolables, à des orphelins éplorés !

Mais non, les hommes aveuglés par l'égoïsme, les préjugés, les intérêts, les passions, l'esprit de parti, le désir de parvenir et la soif dévorante de domination, entraînés enfin par le torrent impétueux de leurs vices et de leurs dérèglemens honteux, n'ont pas voulu prêter l'oreille à la voix douce de la paix et de la modération. Ils ont préféré écouter les cris bruyans de leurs passions déréglées et s'en rapporter à leurs décisions injustes et sanguinaires. C'est ainsi que les hommes se sont rendus hautement coupables et malheureux, et ont amoncelé sur leurs têtes un nombre infini de crimes et de forfaits dont le tableau horrible fait trembler. Espérons donc que les hommes désabusés et éclairés par une longue expérience, se rendront enfin à la vérité, abandonneront une voie si criminelle, si injuste et si peu digne de la haute destinée de leur nature immortelle, et qu'ils se hâteront d'entrer dans la route de la sagesse, de la modération, de la justice et de la paix, qui ne tarderont pas à opérer leur bonheur et les rendre à jamais heureux. Mais on ne peut guère espérer que les factions et les partis adoptent une méthode de réconciliation qui est à la fois si contraire à leurs vues, à leurs intérêts, à leur esprit haineux, à leur amour propre, à leurs préjugés, à leurs passions, à leur amour de désordre et de division, parce qu'il fait bon *pêcher en eau troublée*. Non, on ne peut jamais attendre une telle démarche des gens qu'anime l'esprit de haine et de vengeance, que dévorent les prétentions et l'ambition; des gens corrompus et pervertis qui ne savent que faire, qui ne veulent pas travailler et se rendre utiles à la société, qui ne vivent qu'au jour le jour, et ne spéculent que sur les malheurs de l'humanité souffrante.

Déplorons les crimes de ces hommes pervers qui ne paraissent sur le théâtre de la société que pour y jeter, y répandre la consternation et le deuil en y lançant les brandons de la discorde et les torches incendiaires de la corruption, de la division et du carnage. Ce n'est pas vers de tels partis que la société en pleurs doit tourner ses regards attristés dans le moment actuel pour chercher un remède à tant de maux qui la déchirent, et l'accablent ; ce n'est pas d'eux qu'elle doit attendre son salut. Elle ne peut trouver son salut que dans les hommes sages, modérés et vertueux qui veulent son bien, que dans ces majorités imposantes, ces masses immenses des populations qui ont un intérêt réel dans son repos et sa tranquillité, et qui, par conséquent, cherchent d'une manière efficace les moyens les plus propres à lui rendre la paix et la prospérité, en appliquant les remèdes les plus salutaires et les mieux appropriés à la guérison radicale de ses plaies profondes.

Or, des quatre partis ou opinions qui divisent la France et se disputent dans ce moment la souveraineté nationale, en s'affichant comme ses véritables représentans et les seules expressions de la révolution de juillet, aucun, sauf un seul, ne peut être considéré sous un autre point de vue que celui de factions. Je crois avoir déjà suffisamment démontré cette vérité, en faisant voir que tous, excepté un seul, sont animés par des motifs d'intérêts privés, des vues personnelles, des prétentions de coterie, ou bien par l'inopportune application de théories plus ou moins inapplicables au pays dans son état actuel, eu égard à ses mœurs, à ses usages, etc., etc.; enfin par un but tout autre que celui du salut du pays. Il n'a pas été bien difficile de prouver cette assertion en jetant un coup d'œil rapide sur les cabales, les démarches, les escobarderies et les manœuvres de tout genre dont se sont servi jusqu'ici les trois partis dont il s'agit. On a vu ces partis resserrer et tendre tour à tour les ressorts de leurs intrigues, poursuivre leurs menées, ourdir leurs trames, faire jouer leurs mines et représenter les rôles que les circonstances et l'esprit de parti leur ont assignés. On les a vus se montrer successivement sur le théâtre de la société, animés par des motifs tout différens de ceux qui font agir les véritables amis de la patrie et de la liberté. Tout préoccupés de leurs intérêts privés, de la pensée de leur parti et du besoin de le faire triompher, ils semblaient oublier les intérêts plus grands de la société. En un mot, on les a vus agir sous l'influence des idées les plus rétrécies, les plus mesquines et les plus indignes de véritables patriotes; se souciant très-peu de ce qui peut arriver à l'honneur du pays, à la paix et à la prospérité de la société, et au triomphe de la révolution qui était remplie de tant d'espérances; cherchant au contraire à les contrarier et à en paralyser les effets. De là nous pouvons conclure que ces trois opinions de carlisme, de républicanisme et de *doctrinisme* ne sont au fond que de véritables factions ou coteries, et qui ne représentent ni le pays, ni ses intérêts, ni son honneur qui lui est plus cher encore, ni la révolution glorieuse de juillet, dont ils ne font tous trois et chacun en particulier que fausser effrontément le principe, contrarier les vues, dénaturer la direction, calomnier les motifs et paralyser les conséquences, comme toute leur conduite et toutes leurs démarches jusqu'ici en toute occasion qui s'est présentée, ne l'ont que trop bien prouvé.

Or, si aucun de ces trois partis qui se disent les représentans de la nation et les dépositaires de ses volontés et de son autorité, n'entre franchement ni véritablement dans la carrière des réformes et des améliorations sociales qu'avait tracées en caractères de sang et en traits de gloire la révolution de juillet, il s'en suit évidemment qu'il n'y a que l'opinion du *tiers-parti*, la seule qui nous reste, qui y soit entrée, qui ait saisi son véritable esprit, qui veuille marcher avec elle, continuer son ouvrage, remplir ses promesses, réaliser ses espérances, en consommant d'une manière sage, fidèle et consciencieuse le ministère honorable de régénération, la mission sublime d'ordre et de perfectionnement qu'elle a légués au pays. Et en effet, si on veut examiner un moment les écrits et la conduite générale des hommes de ce parti où respirent un esprit de sagesse, de modération, de réserve, de modestie, de désintéressement, de justice et de paix, et l'amour de l'ordre légal uni à une sage liberté, ainsi que le zèle soutenu qu'ils ont déployé, les efforts continuels qu'ils ont faits pour ramener tous les partis au principe fécond de la révolution, à l'unité d'intérêts et à l'ensemble de vues qui en sont inséparables, on sera bientôt convaincu que ce parti est le seul véritable, le seul qui représente dignement la nation, qui avance avec elle dans la voie des améliorations d'une manière sage, mesurée et ferme, capable de satisfaire à tous ses vrais besoins et aux lumières du siècle, ainsi qu'à tous les gens raisonnables et de bonne foi de tous les différens partis. Ce sont les partisans de cette opinion nationale qui se sont efforcés avant, pendant et après le grand événement, d'arrêter le torrent des abus et d'introduire dans le pays ces institutions constitutionnelles et ces améliorations sages dont la nécessité se faisait généralement sentir depuis long-temps. Ce sont eux qui ont cherché à rétablir et à entretenir l'équilibre politique, moral et religieux, si souvent rompu par les passions et la violence des autres partis que des vues privées avaient fait agir et se révolter tant de fois. C'est enfin cette masse imposante des citoyens sages et vertueux composant ce parti, qui avaient lutté si victorieusement contre les efforts des agitateurs et des factieux, pendant les émeutes, les troubles et les rébellions soulevées dans les différentes parties du royaume, qui avaient repoussé leurs attentats, leur avaient imposé silence, les avaient fait rentrer dans l'ordre, avaient arrêté le torrent des désordres et de l'anarchie qu'avaient occasionnés les intrigues et les manœuvres des ennemis du pays; ce sont eux qui ont calmé le malaise, l'incertitude et la fermentation générale suscités par les vents impétueux et les flots irrités des passions des partis; ce sont eux qui par leur appui, leur fermeté et leur courage ont consolidé le trône constitutionnel, en se ralliant sous un drapeau ayant pour devise ces mémorables paroles : *la Charte sera désormais une vérité ; le trône constitutionnel entouré d'institutions républicaines ; in hoc signo vinces.* En un mot, c'est seulement dans cette opinion vraiment loyale, franche et libérale que réside la souveraineté nationale, parce qu'elle seule en est la plus digne par la place qu'elle occupe et le rang qu'elle tient dans la société, attendu que ses membres sont des gens éclairés, consciencieux et vertueux qui ne respirent que la paix et le bonheur de leur patrie, et par conséquent par la considération dont elle doit naturellement jouir dans le pays et par la confiance qu'elle doit nécessairement inspirer à toutes les différentes classes de citoyens. Elle tient un rang moyen dans la société, ce qui l'éloigne également des deux extrêmes, des riches et des pauvres qui sont les uns et les autres agités sans cesse par des passions tumultueuses qui les énorgueillissent ou les dégradent, qui les égarent, les aveuglent et les rendent impropres à juger sainement des intérêts de la nation et de la nature des choses en général. Les riches sont en proie aux passions bruyantes du luxe, de l'orgueil, de la vanité et de l'ambition qui les exposent à commettre des actes de violence, d'intolérance, d'injustice et d'oppression, et par conséquent ne sont pas dignes de posséder et d'exercer la royauté nationale qui deviendrait nécessairement tyrannique entre leurs mains : les pauvres au contraire tourmentés continuellement par le besoin impérieux et sans cesse renaissant de vivre, et entourés de toutes les passions fougueuses que fait naître en eux le fantôme hideux de la misère, sont moins en état encore de porter le fardeau accablant de la souveraineté nationale qui serait trop pesant pour eux, et dont ils ne manqueraient pas d'abuser comme l'expérience et l'histoire de tous les siècles et de tous les pays ne le prouvent que trop. Aussi Voltaire et Rousseau qui certes étaient d'excellens juges en cette matière, ont-ils dit que la démocratie proprement dite était un gouvernement bon pour la *canaille et les gueux, et qu'il faudrait être des anges pour vivre sous un gouvernement ochlocratique*. D'ailleurs, il est clair que le bas peuple n'a, ni ne peut avoir les connaissances, ni les lumières, ni le temps nécessaires pour exercer une telle royauté qui suppose et exige de rigueur en ceux qui l'exercent un fonds infini de connaissances tant politiques, morales, médicales, qu'historiques, naturelles et géographiques, etc. Or, je demande si, condamné par sa condition malheureuse à un travail perpétuel, il est possible que le pauvre peuple privé de presque toutes les ressources de la vie, puisse s'occuper d'un ministère si sublime, d'une législation si élevée, d'une magistrature du premier ordre qui exigerait de lui tant de connaissances et tout son temps. Non, il est absurde de le penser un seul moment.

Et qu'on ne croie pas que je veuille attaquer ici le grand et impérissable principe de la souveraineté du peuple, qui est un principe universellement reconnu par tous les hommes qui s'entendent en matière politique. Non, je l'admets et je le soutiens de toutes mes forces comme une maxime de politique incontestable et indestructible ; mais ici il faut distinguer entre le mot *peuple*, comme on l'entend en général, et le mot *peuple*, tel qu'on doit l'entendre dans sa véritable signification.

Le mot peuple, *stricto sensu*, dans son véritable sens et comme on doit l'entendre, renferme tous les individus qui composent l'État, la grande chaîne de la société, dont le chef politique forme le premier anneau, et il répond au mot latin *populus*, d'où il est dérivé; et dans le sens général, *lato sensu*, il répond au mot latin *plebs*, *plebecula*, qui se rapporte au bas peuple, la lie du peuple qui, pour les raisons dont nous avons parlé plus haut, ne peut prendre qu'une part indirecte, ou qui ne peut concourir que médiatement par l'intermédiaire de représentans, au gouvernement du pays. Je m'explique; ce bas peuple, qui est à la fois si intéressant et si utile à la nation par les travaux continuels et les services signalés de manœuvre qu'il rend à la société, attendu que c'est lui qui fait tous les ouvrages de fabrique, de manufacture, d'architecture, de commerce, d'agriculture, d'industrie, de guerre, et enfin presque toute espèce de travail, et supporte toute la peine qui y est attachée, ne peut pas gouverner par lui-même. De tels services sont sans contredit d'un prix infini pour la société, et méritent en conséquence toute la récompense possible de sa part. Eh bien! il faut convenir, avouer que malgré tout cela, malgré tant de droits à l'estime publique, il ne peut pas concourir d'une manière directe à l'administration du pays, encore moins être regardé comme le seul et unique souverain du pays. Il est vrai que les grands services qu'il rend à la société, en faisant, pour ainsi dire, tous ses travaux, lui donnent autant de droits qu'à tout autre ordre, qu'à toute autre classe, de jouir de la souveraineté nationale, et de concourir à la formation et à l'exécution des lois; mais il faut reconnaître aussi que son incapacité, son défaut de lumières, son manque de temps pour s'occuper de choses si graves et si importantes, ainsi que, et principalement, les passions violentes résultant de sa position malheureuse, le nombre des aspirans, les prétentions exagérées des individus, l'égoïsme, les divisions interminables, la grande divergence d'opinions, (Pierre voulant noir, Jacques voulant blanc), l'esprit d'envie et de jalousie naissant d'un tel conflit, le rendent incapable, inapte à jouir de ces droits et de ces priviléges, du moins jusqu'à ce que son éducation soit considérablement améliorée et ses mœurs entièrement réformées; de manière que le peuple tout intéressant qu'il est, peut être comparé à un mineur qui a bien le droit *virtuel, a priori*, de jouir de ses biens, mais qui, à raison de sa jeunesse, de son inexpérience, de son défaut de lumières, n'en peut pas encore user *in pleno*, ni en disposer, ni les administrer selon son gré. Cette comparaison fait voir assez clairement la position du peuple par rapport à l'exercice de ses droits.

Ainsi il faut donc abandonner la souveraineté

nationale comme résidant dans le bas peuple, et reconnaître que lors même qu'elle y résiderait, il ne pourrait pas l'exercer directement par lui-même, à raison de son incapacité, de son manque de temps, pour se livrer à la discussion d'affaires si graves et si difficiles à traiter, attendu la complexité des rapports divers qu'embrassent tous les genres de connaissances qui s'y rattachent.

Et en effet, comment le bas peuple pourrait-il jamais saisir tant de rapports différens de la politique intérieure et extérieure, qui se ramifient sans fin et se modifient à l'infini? Non, un tel effort est tout-à-fait au-dessus de sa portée et de son intelligence; aussi le peuple lui-même est tellement convaincu de cette vérité que dans toutes les grandes crises et mémorables révolutions lorsqu'il combat, terrasse et enchaine à ses pieds victorieux ses tyrans vaincus, dans ces momens mêmes de son triomphe, de son ivresse et de sa gloire, il se garde bien de se charger de la haute administration de l'État; il s'empresse de mettre entre les mains des hommes éclairés et expérimentés, le gouvernement nouveau qu'il vient de créer, d'établir sur les ruines de l'ancien. Et en effet, n'a-t-on pas vu le peuple de Paris, dans ces derniers temps, au moment où il venait de remporter une victoire signalée sur le despotisme, et de chasser du territoire Français l'oppresseur et ses satellites, accourir en foule pour offrir les rènes du nouveau gouvernement à des gens habiles et éclairés qu'il croyait les plus dignes de sa confiance et les plus propres à exercer l'autorité qu'il venait de reconquérir ? Or, si le peuple de Paris, où l'homme a tant d'occasions de s'instruire, attendu que cette ville est la maison commune de l'Europe, le centre du goût, des sciences, des arts et des belles-lettres, ainsi que le rendez-vous des savans ; n'est pas assez instruit pour se gouverner lui-même, quel peuple pourrait l'être.

S'il est donc vrai, comme je viens de le démontrer, que l'opinion du Tiers-parti ou autrement parti national, est la seule qui ait saisi l'esprit de la révolution, qui en reflête les rayons, la seule qui représente véritablement la nation et la seule digne de la représenter, à raison de sa grande majorité, de la pureté de ses opinions politiques, de la sincérité de ses vœux, de la force, de la fermeté et de la modération de ses vues, des caractères de sa doctrine constitutionnelle, des qualités de ses défenseurs, de sa physionomie libérale , de la dignité, de la majesté et de l'autorité de ses partisans, la seule vraie expression de la volonté générale, la seule qui veut et qui peut remplir les vœux du pays, la seule que reconnaît la glorieuse révolution de juillet, et la seule qui s'empresse à son tour de la reconnaître d'une manière franche et loyale dans toute son étendue et dans toute sa plénitude, et qui cherche sérieusement à en développer le principe fécond, en en tirant tous les fruits possibles, et en le poussant jusqu'à ses dernières conséquences. Il s'en suit évidemment que tous les gens de bonne foi, soit parmi les Absolutistes, soit parmi les Républicains, soit parmi les Doctrinaires ou soi-disans *juste-milieu* avec toutes les différentes nuances, subdivisions, sections ou séries de ces partis doivent se rendre à cette opinion, baisser pavillon devant elle, s'incliner devant ses drapeaux victorieux, se rallier sous sa bannière, l'embrasser franchement et loyalement, d'après le grand principe que la plupart d'entre eux reconnaissent et doivent nécessairement reconnaître, pour peu qu'ils soient de bonne foi et hommes consciencieux. Car, en toutes choses, en toute contestation où on n'est pas d'accord touchant une question quelconque, il faut nécessairement se faire des sacrifices mutuels, admettre et adopter quelque moyen de réconciliation et de bonne intelligence, quelque règle fixe, juste et invariable, qui peut se faire par des voies pacifiques, sages et sans effusion de sang, à moins qu'on ne veuille en venir aux mains, aux prises et au carnage.

Or, je le demande, quel autre moyen y a-t-il de décider la grande question ou querelle politique qui s'élève dans le moment actuel entre ces quatre différentes opinions ou partis qui divisent et déchirent la France, se disputent avec opiniâtreté la souveraineté nationale, et s'efforcent d'arriver au timon des affaires de l'Etat, que le grand principe de la majorité ou l'opinion la plus répandue et la plus universellement admise dans le pays. Et certes, il n'y a pas d'autre moyen de trancher net la difficulté, la question en litige, à moins qu'on ne veuille la décider par le droit du plus fort, moyen qui est souvent très-injuste et toujours extrêmement désastreux tant pour le vainqueurs que pour les vaincus, en ce qu'il enfante la guerre civile et occasionne la guerre étrangère, c'est-à-dire les plus grands , les plus redoutables fléaux qui puissent affliger la société et atteindre les mortels. Il ne s'agit donc pas de décider ou de déterminer la question de gouvernement par ce moyen brutal, meurtrier, sanguinaire qui désole la société en la transformant en un immense champ de bataille, et déshonore les hommes, en ce qu'il les rend bourreaux les uns des autres, au lieu de les rendre des êtres raisonnables et immortels dont les destinées sont si hautes et la fin si sublime.

Il ne reste donc que l'autre moyen, je veux dire le moyen moral et pacifique, pour décider la question dont il s'agit dans les circonstances présentes. Car il est incontestable, qu'il n'y a que ces deux moyens ou voies pour juger toutes les questions ou disputes qui peuvent surgir parmi les hommes, ou dans l'ordre politique, ou dans l'ordre social, ou dans l'ordre moral ou enfin dans l'ordre religieux ; *non datur medium*, il n'y a point de milieu. Or, il est évident que le moyen moral et pacifique est infiniment préférable à l'autre moyen matériel, brutal de la force physique qui entraîne après lui, (je tremble de le dire, *horresco referens*), tant de désastres et de malheurs de tout genre, et qui est plus conforme à la nature de l'homme et plus digne de sa grandeur et de sa majesté, comme être social, moral, religieux et immortel.

Et en effet, les trois autres partis que je combats ici, ont souvent fait un appel à la majorité, s'en sont référés à elle comme à un juge juste, impartial et équitable, seul compétent pour prononcer dans le cas dont il s'agit, et qui devait être écouté sans aucun appel et en dernier ressort.

Et d'abord, le parti carliste n'a-t-il pas reconnu dès le commencement ce moyen de décider la question, en ce que ses deux principaux organes, la *Quotidienne* et la *Gazette* ont demandé mille fois cette voie pacifique de majorité pour trancher la question entre nous? ne l'ont-ils pas tournée en tous sens? n'ont-ils pas présenté cette idée sous toutes les formes en la reprenant sans cesse? quelle autre chose est le vote universel, le champ de mars, le champ de mai, les comices, etc., dont n'a cessé de parler dans tous ses numéros depuis le grand événement de Juillet la Gazette de France? Ces journaux n'ont-ils pas donné le défi, envoyé le cartel mille et mille fois, pour les rencontrer sur ce terrain ou cette voie de décision, comme celui qui convenait le plus à leur manière de voir, à leurs vues politiques, à leurs *forces physiques* et à leur caractère moral et religieux qui répugne à l'effusion du sang de leurs frères; *ecclesia abhoret a sanguine*. Ceci est tellement vrai que, je crois, il n'y a guère un seul numéro de leurs journaux dans lequel ils n'aient parlé de cette voie pacifique de décision et de conciliation, de ce tribunal de modération, d'équité et de justice, comme le seul compétent et le plus propre sous tous les rapports; à décider à l'amiable une telle discussion ou lutte politique. Les colonnes de la Gazette de France, l'organe le plus accrédité et le plus grand champion du carlisme sont en particulier remplies d'argumentations subtiles qui roulent sur ce sujet important, et dans lesquelles elle prétend prouver la sagesse, la sûreté et l'infaillibilité de ce moyen pacifique et légal pour décider la question présente.

La Quotidienne elle-même tout imprégnée et imbibée qu'elle est des sentimens faux et insoutenables de l'absolutisme et du droit divin, est revenue plusieurs fois sur cette matière, y a cherché et a espéré y trouver un soutien à son système, et un remède aux maux de faiblesse et d'impuissance qui rongent et accablent son parti.

Enfin, le Courrier de l'Europe, le Rénovateur et le Revenant ainsi que toutes les autres feuilles absolutistes soutiennent cette opinion ou moyen d'accommodement, se sont efforcé et s'efforcent encore d'étayer l'édifice chancelant de leur vieux système sur ce grand et pacifique principe de transaction, de majorité numérique.

Les républicains n'ont-ils pas également voulu avoir recours au même moyen de décision dans l'absence de forces physiques suffisantes pour faire triompher leurs doctrines de liberté et d'égalité absolues et indéfinies? n'ont-ils pas mille fois prétendu que la généralité des Français voulait la république, et que leurs sentimens politiques étaient et sont encore ceux du grand nombre dont la voix était étouffée par celle d'une minorité *factice*, et qu'elle n'attendait que le moment favorable pour briser ses chaînes et faire valoir ses opinions rationnelles? ne disent-ils pas tous les jours dans leurs journaux que la majorité est pour eux, que les doctrines républicaines sont pleines de vie, palpitantes de l'intérêt du moment, et qu'elles s'étendent journellement avec la rapidité de l'éclair d'un bout du pays à l'autre? ne font-ils pas constamment des appels aux Français, à la nation en leur disant: hâtez-vous d'embrasser nos opinions, elles sont les seules nationales, les seules vraies, les seules dignes de vous, les seules conservatrices de la liberté, de l'égalité et de l'ordre, les seules qui garantissent le repos, la paix, l'honneur et la prospérité du pays, parce qu'elles seules sont à la hauteur des circonstances, conformes au progrès de la civilisation, et en harmonie avec les lumières et les besoins du siècle.

Ne se vantent-ils pas publiquement et sans se donner la peine même de cacher leurs vrais sentimens, que leur système républicain est le seul des quatre partis qui existent, qui représente réellement la révolution immortelle de juillet, et que tous les autres ne sont que de véritables *avortons*, des *simagrées*, des *renégats*, des *trahisons*, des *impostures*, que des *combinaisons imparfaites* et *rétrogrades*, que des *tromperies*, des *simulacres*, des *fantômes*, des *cadavres*, des *déceptions*, incapables de réaliser rien de bon ou d'utile pour le pays, attendu qu'ils ont tous faussé d'une manière honteuse et criminelle le principe sublime et fécond de la révolution, en lui donnant le change, en lui imprimant une fausse direction, et en s'écartant complètement de ses hautes vues et de ses intentions bien connues et avouées de la manière la plus solennelle en présence de l'europe et du monde tout entier? De manière qu'ils n'ont point cessé et ne cessent pas encore de faire un appel solennel à la nation en invoquant le vote universel, comme un moyen sûr, selon eux, pour faire triompher leur croyance politique, leur foi sociale déjà si avantageusement connue et avouée de tous les sincères amis de la liberté, de tous les vrais patriotes! Il est donc clair qu'ils reconnaissent la *majorité* comme un moyen juste, sûr et légitime pour décider toutes les contestations politiques qui peuvent surgir entre les habitans d'un pays touchant le mode de gouvernement qu'il faut adopter et suivre.

Enfin, les doctrinaires eux-mêmes ne se croyent-ils pas en possession de la grande majorité, puisque c'est en vertu de ce droit qu'ils persistent à rester en place nonobstant tant de clameurs qui s'élèvent de toutes parts contre eux? Ne se croïent-ils pas eux-mêmes invincibles, invulnérables sous ce rapport important? Ne s'en targuent-ils pas comme les *élus* et les *bien-aimés* de la nation, dont ils se regardent comme les sauveurs, *patres patriæ*? Ne s'y retranchent-ils pas comme dans une citadelle, comme dans un fort imprenable contre les rudes coups qu'on leur porte, contre les assauts vigoureux de leurs ennemis? Quand on les attaque et leur reproche leur marche peu libérale et anti-nationale, daignent-ils donner d'autre réponse à leurs adversaires qui les combattent et les pressent sur la singularité de leur conduite politique tant intérieure qu'extérieure, que celle-ci: qu'ils ont la majorité dans les deux chambres où ils se font écouter et passer leurs projets de loi, leurs ordonnances et leurs ordres du jour motivés, et obtiennent ainsi tout ce qu'il leur plaît d'en demander? Ne présentent-ils pas comme un bouclier impénétrable aux traits aigus et acérés de leurs ennemis cette même majorité, selon eux, imposante qu'ils prétendent avoir partout dans la nation, qui les admire et s'émerveille des prodiges d'habileté politique qu'ils opèrent chaque jour de leur vie? N'est-ce pas à l'aide, sous le prétexte, l'égide et le manteau de cette prétendue et introuvable majorité, qu'ils se cramponnent encore au timon des affaires, s'emparent de l'autorité du pays et la conservent malgré le cri général de désaprobation qui s'élève et se fait entendre de presque toutes parts contre eux? N'est-ce pas à l'abri de cette soi-disant majorité qu'ils osent narguer la chambre et tenir tête à la nation tout entière qui se prononce d'une manière ferme et péremptoire contre eux comme des prévaricateurs, qui ont faussé le principe immortel de régénération politique et morale, étouffé dans sa jeunesse et première vigueur la sève vigoureuse de la révolution de Juillet? En un mot, les doctrinaires ne se servent-ils pas du moyen de la prétendue majorité factice comme d'un casque, d'un palladium, d'une cuirasse, pour se garantir des flèches envenimées lancées contre eux par leurs ennemis mortels, les archers, de l'opposition? n'usent-ils pas du baume salutaire de la majorité comme d'un remède unique, précieux, efficace, souverain, infaillible, comme d'une panacée universelle contre tous les maux et plaies profondes de la censure, du criticisme, de l'improbation, des charges, des calomnies, des accusations et des réprobations dirigées contre eux?

Il est donc clair que les doctrinaires, comme tous les autres partis, croient qu'ils ont la majorité de leur côté, et que, comme les partisans de tous les partis, ils regardent cette majorité comme leur donnant le droit incontestable, imprescriptible de gouverner, comme un moyen légal, une voie sûre de décider la question de droit de souveraineté nationale, la question de connaître à qui le droit de commander.

Je viens maintenant de prouver qu'il n'y a que deux moyens, pour décider des disputes ou contestations politiques, quand elles s'élèvent entre les habitans d'un pays quelconque, et de savoir au juste qui a le véritable droit, dans ce cas, de commander ou de gouverner. Ces deux moyens ou voies sont d'une double nature toute différente l'une de l'autre; l'un moral, pacifique et juste; l'autre matériel, brutal et injuste; l'un la force de la raison, la puissance du jugement; l'autre la barbarie, le droit du plus fort; l'un qui se fait sans bruit, sans éclat et sans effusion de sang; l'autre toujours tumultueux, cruel et accompagné de carnage et de mille malheurs de tout genre. J'ai démontré également, que tous les trois partis, que je combats, reconnaissent dans leurs écrits et leurs paroles, comme en effet ils le doivent, la supériorité infinie du moyen moral, pacifique et juste de la majorité sur l'autre brutal, cruel et sanguinaire, et que le parti qui le possède a tout droit de gouverner les autres. J'ai fait voir cela par leur propre conduite, par leurs paroles, leurs écrits et leurs opinions manifestées publiquement, pendant le cours de ces quatre dernières années, dans leurs journaux et leurs ouvrages périodiques. C'est donc un principe incontestable reconnu entre nos adversaires et nous, que le parti qui peut avoir la majorité nationale en sa faveur, a seul le droit de se placer au timon des affaires et de diriger le vaisseau de l'état à travers la mer orageuse de la société. Je viens d'établir aussi que le Tiers-parti ou, pour parler autrement, le *parti national* est le seul d'entre les quatre grands partis, qui divisent la France et se disputent le gouvernement et le maniement de ses affaires, qui a ou qui peut avoir une majorité parlementaire, compacte, complète et absolue. Cette proposition n'a pas été bien difficile à établir. Je n'avais qu'à faire voir le nombre infini des gens les plus respectables de tous les rangs, classes, ordres et conditions de la société, qui la soutiennent et qui la veulent, comme la seule qui représente véritablement la nation, comme la seule qui est digne de la glorieuse révolution de Juillet; parce qu'elle est la seule héritière légitime des traditions et des espérances de cette mémorable époque, la seule qui ne rougit pas de son origine, sait en apprécier la portée et ne craint pas de marcher de front avec elle dans la voie des réformes et des améliorations sociales : je n'avais surtout qu'à passer en revue cette foule immense de laboureurs de propriétaires, de cultivateurs, de commerçans, de négocians, de banquiers, d'hommes de lettres, de manufacturiers, de marchands, d'artisans, d'ouvriers, de gens industrieux et honnêtes de tout genre et de toute profession, qui forment le corps, la grande masse, c'est-à-dire la grande majorité, la presque totalité de la nation; les gens modérés et sages de toute opinion, les amis d'une sage liberté, de l'ordre légal, de la paix, de la prospérité et du bonheur de leur pays; de gens intéressés au triomphe de l'ordre, de la vérité et de la justice, et à la conservation de la paix et de la tranquillité du monde; de vrais philantropes et seuls dignes de jouir de la liberté et de l'égalité, en ce qu'ils ne les font pas consister à jeter le trouble et le deuil dans le monde, pour assouvir la soif insatiable d'une vaine et criminelle ambition et d'une conquête injuste, et à verser le sang de leurs semblables, en attirant sur eux et sur eux-mêmes toutes les horreurs et malheurs inséparables de la guerre civile et de la guerre étrangère. Le nombre, l'opinion et l'autorité de tant de personnes respectables doivent être par conséquent du plus grand poids dans la question présente, et doivent même plus que suffire pour démontrer la bonté, la vérité et la justice de la grande et noble cause qu'ils défendent avec tant de sagesse, de modération, de mesure, de noblesse, d'impartialité, de dignité et de majesté !

Le Tiers-parti ou parti national suit la révolution, son principe et ses conséquences. Or, ces conséquences dont la principale est le progrès ne peuvent nullement se développer sous le gouvernement doctrinaire, rétroactif et stationnaire. Il n'y a que le gouvernement du parti parlementaire-dynastique qui, dans sa forme, peut atteindre ce grand but et faire ainsi le bien du pays en réalisant toutes ses espérances.

Il faut rectifier, non abattre ; il faut retenir ou guider ; mais, il n'est pas temps de détruire. C'est un sentiment d'ordre qu'il y a au fond de ce système et une modération qu'il nous appartient de trouver seule salutaire, à nous qui avons toujours suivi cette ligne droite, sans nous en laisser distraire par rien et sans jamais nous en écarter.

Le *Tiers-parti* veut donc examiner, débattre, améliorer et se contenter d'un résultat favorable et progressif, sans prétendre atteindre du premier coup à une perfection absolue, ce que la nature elle-même toute sage et toute puissante qu'elle est, ne fait pas. Elle ne soutient point sans réserve, tel ou tel plan, elle ne le rejette point d'une manière exclusive. Il n'est point systématique ni dogmatique. Il observe, et se détermine, non par des raisons de parti pris, mais par toutes celles du bien public, qui viennent à frapper ses regards et à former sa conviction. Semblable à la religion elle-même, cette opinion politique se resserre ou se dilate selon la force de haute ou de basse compression que les corps extérieurs et environnans exercent sur elle. Elle s'accommode prudemment aux lieux, aux circonstances et aux personnes qui agissent et influent sur elle.

Il n'a jamais été du cabinet, loin de là ; il ne l'a point défendu, n'a voulu ni le renverser, ni le maintenir. Il n'a pensé qu'aux actes du pouvoir, il les a pesé, les a jugé et a voté pour ou contre, selon ses lumières et ses libres inspirations.

Dans la circonstance présente, cependant, il comprendra sans doute comme nous, qu'il y a un réel avantage, un devoir même impérieux à accepter le ministère, et à faire exécuter loyalement la loi primitive de l'état et toutes les autres lois constitutionnelles promises par la charte, et qui vont être élaborées.

Ce que nous avons prédit et annoncé sur un changement de ministère se confirme. On parle très-sérieusement d'un remaniement du cabinet. Il se fera dans le sens de la révolution de Juillet. Il est amené par des discussions qui se sont élevées dans le cabinet sur diverses questions d'une haute importance, plus encore par son incompatibilité avec les sympathies de la nation et l'impossibilité où il est de pouvoir marcher avec la chambre des représentans du pays. On pense que sous peu, il y aura quelque chose de définitif.

On continue à dire que les mêmes sentimens ne règnent pas, loin de là, dans le conseil, relativement à plusieurs sujets d'un grand intérêt, et qu'il faut, ou que plusieurs ministres cèdent leur place au ministère, ou que le ministère tout entier soit changé.

Si les uns s'en vont, de quelque côté qu'ils soient venus et de quelque parti qu'ils s'appuyent, il sera malaisé que tout le cabinet ne soit pas ébranlé; tant d'autres intérêts se croisent et se compliquent; les difficultés se présentent de tant de côtés avec la marche actuelle, qu'il est probable qu'on songe réellement à changer de direction, et à entrer franchement dans la route tracée par la dernière révolution. Et il est certain que c'est la seule voie sûre et même possible que l'on puisse suivre dans le moment actuel.

Mais où aller, par quelle issue se tirer de ces embarras? quels hommes associer ensemble? Quels noms offrir et faire accepter, non seulement au public, mais aux chambres, mais à l'étranger; car on veut concilier tous les intérêts, et c'est là précisément ce qui cause une anxiété si vive et si générale.

Pourquoi cependant cette inquiétude d'où naissent tant d'obstacles qui se pressent autour du pouvoir?.. Tout vient d'une irrésolution funeste et qui, de jour en jour, presque d'heure en heure, empire et accroît le danger.

C'est au dedans seulement qu'il faut penser, qu'on le satisfasse ; qu'on le veuille entendre ; qu'on sache accomplir ses vœux, et on n'aura ensuite que fort peu à s'occuper du dehors.

Le dehors pliera aux desseins du dedans. C'est dans le pays qu'il faut prendre sa force et sa puissance; c'est avec les hommes qui ne voient que la France qu'il faut gouverner ; car si l'on a d'autres vues, si l'on dresse d'autres plans, si l'on va au rebours de ces enseignemens salutaires qui sont donnés par la nature des choses, il est inévitable qu'on ne s'égare et qu'on ne courre le risque de perdre pour toujours ce qu'on pouvait et qu'on devait à jamais conserver.

Il y a encore des hommes en France. Il y a des esprits généreux, habiles, dévoués ; mais il faut savoir les deviner, les reconnaître, les chercher, les attirer à soi, les appeler à la tête des affaires, en rompant tous les préjugés qui en séparent, en renouant tous les liens qui en rapprochent, leur confier la haute mission du salut public, à laquelle leurs antécédens et leur caractère doivent donner le sentiment intime qu'ils auront bien ne pas manquer. (1)

(1) Je vais indiquer quelques-uns des hommes que je crois les plus propres à entrer dans la composition d'un nouveau ministère, qui peuvent le plus servir la nation, et dont la présence aux affaires lui plairait davantage.

M. Dupin aîné, dont les talens sont si avantageusement connus,

C'est en plaçant de tels hommes à la tête des affaires qu'on peut être assuré de pouvoir mettre un terme à tout ce malaise, à toute cette irritation,

et qui a défendu avec tant d'éloquence et de courage les journaux de l'opposition poursuivis avec tant d'acharnement par le parquet de la restauration, comme ministre de la justice.

M. Molé, qui a répondu avec tant de fermeté et d'indépendance aux alliés menaçant d'envoyer des troupes en Belgique pour la soumettre de nouveau au roi de Hollande, que si elles y entraient, une armée française franchirait aussitôt les limites de ce pays, comme ministre de l'extérieur.

M. Béranger, qui a toujours si bien soutenu la cause de la liberté, comme ministre de l'intérieur.

M. Charles Dupin, qui a tant travaillé au perfectionnement des institutions sociales, qui s'est tant occupé dans ses ouvrages statistiques du bien-être du pays, comme ministre du commerce.

M. Passy, si versé dans les affaires économiques et dans le maniement des spéculations financières, comme ministre des finances.

M. Isambert, ami zèlé de la morale publique et universelle, et qui le premier des juges de la Cour de Cassation, a élevé la voix contre l'état de siége, comme ministre des cultes et de l'instruction publique.

L'amiral Duperré, marin expérimenté et intrépide, et qui a si puissamment contribué au bombardement et à la prise de la ville d'Alger, par ses savantes manœuvres nautiques, en foudroyant ces forts solides et redoutables qui avaient été regardés jusqu'alors comme inexpugnables, et qui bravaient depuis tant de siècles le courroux de Neptune, et le fer, le feu et la foudre des attaques redoublées des plus puissantes nations du monde, forts qui avaient servi de repaire à une bande nombreuse et formidable de corsaires et de brigands, comme ministre de la marine.

M. le maréchal Gérard, le héros d'Anvers et le champion de la révolution de juillet, et qui au désintéressement et à la grandeur d'âme de Turenne, joint la valeur et le courage du chevalier Bayard sans *peur et sans reproche,* comme ministre de la guerre.

M. Jay, qui s'est tant distingué et qui a tant fait pour la cause à toutes ces inquiétudes et à toutes ces divisions funestes et à jamais déplorables qui ont agité, troublé et bouleversé le pays depuis tant d'années! C'est seule-

et le triomphe de la liberté, mérite aussi une place au ministère; car c'est lui qui a écrit, pour la plupart, ces articles piquans, ces morceaux chaleureux et brillans qui ont paru si souvent dans le Constitutionnel, et qui ont causé des commotions électriques et dans Paris et dans les provinces : ce sont ces mêmes pièces qui ont si fortement contribué, par la solidité des raisonnemens et la rapidité du style, à démasquer les réticences et l'hypocrisie des absolutistes, et à faire triompher la grande cause des peuples, en hâtant le dénouement du drame qui s'est préparé depuis si long-temps !

Il y a bien d'autres personnages respectables de l'opinion du parti *parlementaire-dynastique*, qui seraient également propres à être membres de ce nouveau ministère national, et le nombre en augmentera tous les jours. Mais ceux que je viens de nommer se trouvent, je crois, en première ligne.

Tels sont les hommes que l'état actuel des choses et le besoin impérieux du salut de la révolution de juillet appellent avec instance au gouvernail du vaisseau de l'état, et qui seuls peuvent le conduire en sûreté à bon port à travers tant d'écueils dangereux dont se trouve parsemée la mer orageuse de la politique.

Tels sont les hommes qui seuls peuvent sauver le pays, en opérant au dedans la fusion de tous les partis, et en le rendant formidable à ses ennemis au dehors.

C'est seulement sous un pareil ministère que la révolution de juillet se trouvera à sa place, dans son centre, la France véritablement représentée, dignement administrée, et que l'union, la concorde et la fraternité règneront parmi tous les Français.

Leur arrivée au pouvoir sera le signal d'une vive joie et d'une allégresse générale par tout le royaume. Animés des sentimens généreux, tous les Français oubliant leurs haînes et leurs animosités, vont oublier le passé, renouer et resserrer de plus en plus les nœuds de l'amour, de la fraternité, de l'amitié et de l'humanité, si long-temps rompus par de mauvaises passions, par des animosités insensées et par des divisions funestes.

ment en appellant de tels hommes au ministère et leur confiant le gouvernail du vaisseau de l'État, que l'on peut être rassuré contre tout naufrage, en passant à travers les sables mouvans, les syrtes, les rochers, le Scylla et le Charybe et autres écueils dangereux de la mer orageuse de la révolution et des passions humaines soulevées par l'amour de l'intérêt, par l'esprit d'orgueil, d'intrigue, de parti, d'ambition, de domination, et mille autres causes non moins puissantes et dangereuses qui ébranlent la société jusques dans ses fondemens.

Il faut qu'une affaire de cette importance soit mûrement examinée. Si le choix des ministres parmi les personnes qui représentent cette opinion est aussi satisfaisant qu'on doit l'attendre, il n'est pas douteux que le prochain ministère, secondé par un prince loyal et éclairé, ne remplisse sous plus d'un rapport les vœux de la nation.

Parmi les circonstances qui favorisent cette agréable espoir, se trouvent deux effets qui caractérisent l'époque actuelle : la fin des craintes d'une guerre extérieure et d'une guerre intérieure, et le commencement des embarras qui naissent d'une position impossible.

Et en effet, quel est le français qui ne s'enorgueillirait d'avoir à la tête des affaires du pays des personnes aussi habiles, aussi recommandables et aussi respectables! Quel est l'homme sensé et de bonne foi qui pourrait faire de l'opposition à une administration conduite par des personnes si dignes de la confiance publique!

Une circonstance de la plus haute importance qui montre que le grand événement politique qui doit précéder tous les autres, la dissolution de la majorité actuelle fait de rapides progrès.

Les journaux qui ont tant attaqué l'opposition dynastique, se rapprochent maintenant des partisans de cette opinion.

Si le Tiers-parti se montre énergique et suit d'un pas ferme ce mouvement, il est évident que la majorité est déplacée, puisqu'elle n'existait pour les doctrinaires que parce que les membres du Tiers-parti, effrayés par les émeutes, les troubles et les autres commotions continuellement excitées, par les folies et les extravagances de faux amis et de turbulens agitateurs, étaient plus éloignés de l'opposition dynastique que de la doctrine.

Ils ne s'étaient pas montrés alors par motif de prudence hostiles au gouvernement au moment qu'il fût aux prises avec des factions qui voulaient troubler le repos et la paix de la société, et en compromettre même l'existence; ils préféraient soutenir les amis de l'ordre de quelque opinion qu'ils fussent. C'est pour cela qu'ils n'ont pas jugé convenable de les embarrasser d'une opposition active, mais se sont contentés de leur opposer la simple force de leur inertie ou résistance passive. En cela ils n'ont fait que suivre cette sage maxime si universellement recommandée et suivie au moment de danger et de crise: *de deux maux il faut éviter le pire.* C'est le contraire aujourd'hui. C'est pourquoi lorsque l'orage a passé et cessé de gronder, et qu'il n'y a plus de danger à craindre de ce côté, de pareilles imprudences, les partisans du *Tiers-parti renforcé* de la partie la plus saine de *l'opposition dynastique* veulent revendiquer leurs droits de gouverner, s'occuper des affaires de l'État et songer aux moyens les plus sûrs et les plus prompts pour apporter un remède à tant de maux, sauver la révolution de juillet, menacée également par les ennemis du dedans et ceux du dehors. Et certes, jamais aucune opinion politique n'était plus digne de se charger du poids et de la responsabilité d'une si haute mission!

La conséquence de ces faits est que le Chef du gouvernement se trouvera obligé un peu plutôt, un peu plus tard, de prendre un ministère dans le Tiers-parti et la gauche, s'il ne veut pas dissoudre la chambre ou faire un coup d'état, ce qui pourrait être suivi de conséquences dangereuses.

Tout marche donc aujourd'hui comme en 1827; si le gouvernement se fortifie par les doctrinaires il y aura un conflit violent, s'il cède, il sera emporté; il n'y a point de milieu, ni moyen d'en échapper.

L'hostilité du Tiers-parti ou parti national *renforcé de l'opposition dynastique* qui en est le corps de réserve se dessine de plus en plus. Elle s'élève même aujourd'hui très-haut; car pendant que les républicains attaquent avec violence la pensée immuable, les organes du Tiers-parti parlent vivement des erreurs de la royauté et des imprudens amis de cette royauté, plus dangereux mille fois que des ennemis déclarés. L'administration actuelle, selon eux, est l'administration fatale, déplorable.

En attendant, les partisans de l'absolutisme profitent de ces malheureuses divisions (1) et cherchent aujourd'hui s'ils pourraient trouver quelque moyen de désunir les amis de la liberté. Nous voyons très-bien le grand intérêt qu'ils auraient à ce résultat déplorable ; mais nous les avertissons qu'ils n'y parviendront point. Il ne serait pas plus possible aujourd'hui de séparer les amis de la liberté que la liberté de ses amis ! C'est à cet effet, que tous les partisans de la révolution de juillet, de quelque nuance d'opinion qu'ils soient, doivent, après avoir renoncé à toutes leurs affections, leurs sympathies et leurs prétentions respectives et particulières, se réunir, se rallier sous le même drapeau commun, et s'entendre sur les moyens les plus propres à sauver ce dépôt précieux, ce legs sacré et le transmettre intact et pur à leurs petits-neveux, à la postérité la plus reculée ! Qu'ils se souviennent enfin, que ce sont le démon de la discorde et la furie de la division qui ont fait perdre les fruits de la première révolution, déjoué tous les nobles et généreux projets de régénération et d'amélioration qu'elle s'est proposés ! Qu'ils se souviennent en un mot, que ce sont ces mêmes monstres, ces mêmes Euménides, qui ont perdu et trahi la cause

(1) Pendant que les chiens s'entregrondent, le loup mange la brebis.

sacrée de la liberté, non seulement en France et en Angleterre, mais dans tous les pays et dans tous les siècles! Périssent donc les hommes qui entretiennent ces déplorables divisions et s'opposent à cette union tant désirée!

Voilà donc la couronne accablée encore une fois de la formation de son ministère, cet embarras n'est que la suite d'un précédent, qui nécessairement doit être suivi d'un plus inextricable encore. La faute est originelle, elle provient de la fausse direction que les hommes qui ont exploité la révolution de juillet, ont donné à nos affaires publiques. S'il y avait eu du vrai, de la probité, du patriotisme dans l'établissement du système primitif, adopté par nos hommes d'état, tout prendrait sa place sans obstacle, sans commotion. La révolution aurait eu ses phases, son cours, et marcherait à son accomplissement. Mais rien ne peut fonctionner, parce que le mensonge a dénaturé tous les actes qui sont émanés du pouvoir. Il est difficile de faire concourir la moindre notabilité, qui se respecte, à la marche d'un gouvernement dont personne ne voit le but, et dont les actions ont été entachées d'une telle couardise et empreintes de tant de mauvaise foi, qu'il en est résulté une désaffection inouie. Il est certain qu'un état de choses si déplorable ne peut long-temps exister sans compromettre la tranquillité et le bonheur public.

Les doctrinaires ne sont plus, ils ne peuvent même plus exister; ils sont morts *ministériellement,*

Comme il faut que la France prenne une attitude plus franche, plus solide, plus honorable, plus sûre, il faut à la France un ministère qui détruise en grande partie, tout ce que le système de la doctrine avait élevé ; car presque tout est faux dans la position que ces ministres ont faite, rien n'est stable : la honte politique est partout, et sûreté du pays nulle part. C'est surtout dans les momens de crise, qu'on est à même d'apprécier le jeu des rouages d'un gouvernement. Le gouvernement chancelle comme un édifice mal étayé et près de crouler.

Il nous semble donc que les doctrinaires devraient être convaincus de l'impossibilité d'exercer le pouvoir, même à la condition humiliante, dégradante d'être à la merci du parti parlementaire dynastique.

Ne croirait-on pas voir la royauté tout occupée d'un de ces jeux de patience, de ces casse-têtes laborieux, rapprocher deux à deux, trois à trois, les pièces de toutes formes, sans pouvoir en accorder les angles, et les rejeter l'une après l'autre avec dépit.

Où est la vraie cause de cette déplorable situation? d'abord, et nous l'avons dit depuis longtemps, dans les fausses interprétations qu'on donne à la contitution, et dans l'effort perpétuellement tenté à échapper à l'indépendance et aux conditions de chaque chef de cabinet qu'on essaie. Puis la confusion des opinions, l'inflexibilité des vanités, l'intrigue de coterie, la rivalité des ambitions, l'esprit de parti, l'amour du désordre, etc.

Mais tous ces obstacles à la constitution d'un ministère et au gouvernement du pays, ne tomberaient-ils pas devant une majorité véritable et de bon aloi dans la chambre? C'est là, en dernier résultat, qu'est tout le mal.

Il nous est impossible de dire ce qu'ont l'intention de faire ceux qui conseillent le roi dans le choix de ses ministres; mais la marche qu'ils devraient suivre est tout-à-fait claire. Ce qu'il y aurait de plus loyal et de plus honorable pour eux serait d'informer sans délai sa Majesté que la grande majorité du peuple est animée d'une défiance si profonde à l'égard des doctrinaires, qu'il leur serait impossible d'atténuer ce sentiment, et qu'il est nécessaire pour le maintien de la tranquillité publique et pour la marche possible des affaires, que sa Majesté rétablisse au pouvoir les hommes en qui la nation a confiance.

Si le cabinet actuel contenait moins de doctrinaires, peut-être pourrait-il se maintenir; mais à la manière dont il est composé rien ne saurait lui faire gagner la moindre partie de la confiance publique, ni l'appui parlementaire sans lesquels il ne peut gouverner. Les faméliques occupant des postes secondaires de l'administration pourraient bien consentir à conserver leurs places à quelque condition que ce fut, mais il n'en saurait être de même pour les ministres et quelques-uns de leurs affidés. Il est impossible qu'aucun homme doué de cœur, de talent et de fortune, veuille demeurer membre d'un gouvernement dont les mesures seraient non seulement contrôlées, mais même dictées par l'opposition, et par conséquent devenir responsable d'actes pour lesquels il aurait perdu son libre arbitre. Le plus tôt qu'il s'affranchirait d'une situation si périlleuse et si humiliante, serait le mieux. La nation ne peut ni ne doit être satisfaite, que quand le pouvoir sera placé entre les mains des hommes en qui on peut avoir confiance. Et en effet, elle ne le sera que quand on aura nommé un ministère déterminé à reformer de fond en comble tous les abus, à reconstruire les corporations municipales sur un plan large, libéral, et à rendre justice aux dissidens. Or comme le ministère actuel ne voudra jamais consentir à ces mesures, il faut, de toute nécessité, qu'il se retire ou qu'il soit jeté dehors par un vote de la chambre des députés qui lui refusera le concours de son assentiment, ainsi que les subsides nécessaires au service public, aux diverses dépenses de l'État.

La connaissance des hommes est la première et la véritable science des rois; c'est elle qui leur apprend a démêler l'artifice, à reconnaître la bassesse, à distinguer la vertu; c'est elle qui les met à même de pouvoir bien gouverner et régner avec dignité.

Les princes doivent bien considérer combien sont précieuses les personnes qui leur disent la vérité. Les rois éblouis par leur amour-propre, enivrés par leur orgueil et leur vanité, ne sentent pas combien un auteur, qui sait et ose leur parler vrai, doit leur être précieux; souvent pourtant la vue d'un ami sincère, qui leur reproche leurs défauts et leurs erreurs, leur paraît odieuse et insupportable.

Ceux-là seuls aiment véritablement un roi, qui ne craignent pas de lui déplaire en lui parlant vrai ; ceux-là seuls méritent sa confiance, son estime, et sont incapables de le tromper ou le trahir. C'est à ceux-là seuls par conséquent qu'il doit se fier, et écouter attentivement les conseils qu'ils lui donnent.

Un choix judicieux et convenable des ministres est une chose de la dernière importance pour un roi. Un prince doit veiller sur ceux qu'il charge d'exécuter et faire observer les lois de l'Etat, et ne confier l'exécution des différentes branches de l'administration, le glaive de la législation, qu'à des hommes dont on a éprouvé la vertu, dont les lumières sont connues, dont la probité est respectée ; et si parmi ceux qu'il a choisis, il s'en trouve qui s'écartent de leur devoir, et qui manquent à l'honnêteté, à la décence et à la justice, il doit les punir avec d'autant plus de sévérité, que leur emploi exige d'eux plus de sagesse, de conscience et de vertu.

C'est pour ces raisons qu'un roi doit mépriser les ministres vicieux, et les éloigner de son conseil. Car sans vouloir scruter les cœurs ni exercer sur les consciences un despotisme qui pourrait devenir odieux, le souverain doit éloigner de sa confiance et donner des marques de mécontentement et de mépris à ceux qui, après avoir étouffé la voix de l'honneur, de la décence, de la pudeur et de la religion, affectent publiquement le vice, et se font une gloire de ce qui devrait les couvrir de honte, de confusion et d'opprobre.

Il est évident que le discernement des esprits est une qualité absolument nécessaire à un prince. Dans ces routes sublimes et peu frayées, un prince qui n'a pas le vrai discernement des esprits, va toujours comme à tâtons; au contraire, ceux qui possèdent les vrais principes du gouvernement, et qui connaissent les hommes, savent ce qu'ils doivent chercher en eux; ils observent s'ils entrent dans leurs vues pour tendre au but qu'ils se proposent; et s'ils sont trompés, ils le sont rarement dans l'essentiel.

Il suit donc évidemment de ce que je viens de dire, que la bonne foi est absolument nécessaire à un bon roi. Quand les princes ont une fois rompu la barrière de la bonne foi et de l'honneur, ils ne peuvent plus rétablir la confiance qui leur est si nécessaire, ni ramener aux principes de vertu, d'ordre et de justice les hommes à qui ils ont malheureusement appris à les mépriser; ils deviennent des tyrans, les peuples des rebelles, et il n'y a plus qu'une révolution soudaine qui puisse ramener leur puissance ainsi débordée dans son cours naturel.

L'occupation principale d'un roi doit être de choisir les hommes propres à exécuter les grands projets qu'il a formés; mais pour les former ces grands projets, il doit avoir l'esprit libre, et se garder surtout d'entrer dans les petits détails. On ne juge sainement des affaires que quand on les compare toutes ensemble, et qu'on les place dans un certain ordre. Le gouvernement d'un royaume demande de l'harmonie comme la musique, de la proportion comme l'architecture, de la symétrie comme le corps humain, et le vrai génie qui le conduit, est celui qui, ne faisant rien, fait tout agir, qui pénètre dans l'avenir, qui retourne dans le passé, qui médite sur le présent, qui arrange, qui proportionne, qui prépare de loin, qui se roidit sans cesse pour lutter contre la fortune, et qui est attentif, nuit et jour, à ne rien laisser au hasard.

Les vues du Prince doivent s'étendre sur tout le corps des citoyens ; l'application qu'il montrera à chercher des hommes habiles, probes et vertueux, les ordres qu'il donnera de les élever et de les encourager à ceux qui le représentent dans les différentes parties du rouyaume, exciteront et animeront tous ceux qui ont de la vertu et du talent. Les uns languissaient dans une oisiveté obscure, et devenaient inutiles ; les autres accablés de misère, cherchaient à s'élever par le crime : attirés tous par les récompenses qu'on attachera au mérite et à la vertu ; ils se formeront d'eux-mêmes, et s'efforceront de mériter que le Prince arrête sur eux ses regards, et les choisisse pour contribuer à la tranquillité, au bonheur et à la gloire de la patrie.

Il n'y a rien de si dangereux pour un roi que la flatterie. La flatterie est l'écueil contre lequel viennent se briser les maximes les plus plus sages, les principes les plus incontestables, les conseils les plus salutaires, les intentions les plus pures. Un courtisan habile sait que, pour plaire aux rois, il faut entrer dans leurs plaisirs, flatter leurs passions et approuver toutes leurs actions quelque extravagantes et insensées qu'elles soient : aussi le Prince parle-t-il, c'est un sage, un oracle ; et il demeure dans l'admiration : conçoit-il quelques projets, ce sont des projets sublimes, de grandes vues, des desseins qui doivent l'immortaliser. C'est ainsi que ce perfide trompeur s'insinue peu-à-peu dans le cœur de son maître, et qu'en se montrant l'esclave le plus soumis à ses ordres et à ses volontés, il apprend à le maîtriser lui-même et à le gouverner. Il sait encore se parer du masque hypocrite de l'honnêteté, de la sincérité et de la vertu ; et quoiqu'il ne puisse supporter les gens de bien, dont la vue seule est le reproche secret de ses crimes, il affecte d'en dire du bien, pour être plus libre ensuite d'en dire du mal. Le prince, préparé par les charmes de ses discours flatteurs, croit apercevoir la vérité dans tout ce qu'il dit ; et, au moment qu'il l'abuse, il le regarde comme incapable de le tromper. Le courtisan, enhardi par ses succès, poursuit la même route, et prépare de nouvelles chaînes au souverain qu'il séduit ; le malheureux prince les reçoit sans en sentir le poids et la honte ; son amour-propre l'aveugle ; il ferme l'oreille à la raison et à la vérité qui lui crient sans cesse qu'on ne le flatte, que parce qu'on le croit assez faible et assez vain pour se laisser tromper par des éloges disproportionnés à ses actions ; il n'écoute que la voix des flatteurs ; et cette voix enchanteresse l'enivre: il reçoit le joug sans s'en douter; en vain voudrait-il le secouer dans la suite, il le portera toute sa vie; une fois livré à des hommes qui ont l'art de se rendre nécessaires, il ne peut plus espérer aucune liberté; en vain découvrirait-il toute la fausseté, toute la noirceur de leur âme, même après avoir reconnu leur mauvaise foi, il s'embarrasserait peu de rompre les liens qui le tiennent attaché à leur char. L'expérience qu'il a des hommes corrompus ne sert qu'à le rendre défiant; et il s'imagine qu'en se retirant des mains d'un homme trompeur et méchant, il tomberait dans celles d'un autre aussi perfide et aussi trompeur. C'est pourquoi aveuglé par son amour-propre et trahi par les paroles mielleuses de celui qui le flatte et entre dans toutes ses vues bonnes et mauvaises, il s'attache obstinément au char rapide du flatteur perfide qui l'entraîne à sa destruction!

Un prince n'est digne de régner qu'autant qu'il fait la fonction de la providence, qu'il a pour règle de sa conduite, la vérité, la justice et l'humanité: telle est l'étendue de ses obligations; aussi le seul homme capable de rendre les peuples heureux, est celui qui n'accepte la royauté que pour l'amour d'eux, et dont le but en gouvernant est de ne jamais vouloir l'autorité et la grandeur pour lui, et de préférer toujours le salut, la tranquillité et le bonheur du royaume à toute autre considération; il doit se persuader d'abord que la véritable gloire du prince consiste à faire observer les lois, et à les observer lui-même le premier ; celle de se mettre au-dessus est une gloire fausse, méprisable, tyrannique : pour qu'un roi puisse tout faire sur les peuples, il faut que les peuples puissent tout sur lui ; et le meilleur moyen de faire croire au peuple que son autorité n'a pas de bornes, c'est de les connaître et de ne jamais les violer. Une autorité forte, mais modérée par les règles de la justice, est le soutien le plus ferme d'un état ; une autorité dont on abuse, le menace d'une chute prochaine et d'un renversement funeste. En effet, quand un roi jouit de cette puissance injuste et violente, il ne met plus de frein à ses passions; rien ne l'arrête : dès qu'on est accusé, on devient coupable à ses yeux ; les innocens sont à la merci des envieux et des calomniateurs ; et à mesure que la défiance tyrannique croit dans son cœur, il lui immole plus de victimes : en un mot, il peut tout, et ne se sert de son autorité que pour le malheur du peuple. Une prospérité trompeuse l'endurcit contre les plus salutaires conseils ; il oublie que l'imprudence heureuse dans les fautes, et la puissance parvenue au dernier excès, sont les avant-coureurs du renversement des rois, et il ignore que, quelques succès qu'il se procure par ses violences, il creuse sous ses pas un précipice qui l'engloutira bientôt.

Si, au milieu du chaos où flotte notre état social, il y a un fait incontestable, c'est la suprématie de la classe moyenne. Les lumières, l'activité commerciale et industrielle, la richesse sont en elle ; elle a aussi une immense force matérielle, puisqu'elle est, par la garde nationale, la nation armée. Que l'on approuve ou non cet état de choses, il faut bien reconnaître qu'il existe. Pour nous, nous croyons que ce qui s'est établi sans plan arrêté d'avance, sans obstacles, sans contestations, ressort de l'essence même de la société, est la véritable expression de son esprit et de ses besoins : c'est le résultat de la révolution de 1789, la révolution de 1830 ne pouvait que l'adopter. C'est à tort d'ailleurs qu'on s'inquiéterait, pour le peuple, de l'influence exercée par la classe moyenne; car elle n'a pas un intérêt qui ne soit commun au peuple; et quand elle est livrée à ses propres inspirations, à ses tendances naturelles, il n'est pas un sentiment du peuple qu'elle ne partage. Il y a eu accord intime entre eux pendant les dernières années de la restauration et au moment de la révolution de juillet; cela devait être : car il n'y avait pas une extension de droits politiques réclamés par la classe moyenne qui ne dût donner au peuple des représentans plus rapprochés de lui; il n'y avait pas un progrès dans la liberté du commerce, qui ne dût étendre pour la classe ouvrière la sphère de travail; pas une réduction ou modification d'impôt qui ne dût tourner au bien-être du peuple. Aussi, comme le peuple s'associait aux efforts des électeurs! comme il applaudissait à leurs triomphes! comme il prenait part à la lutte des chambres! Et après la révolution de juillet, quand le peuple se retira avec un si sublime désintéressement, comme il applaudit à la formation de la garde nationale, qui, dans toute la France, mettait les armes aux mains de la classe moyenne! Cette force qui s'organisait, il la regardait comme la sienne propre. Et en effet, c'était dans les deux classes les mêmes sentimens qui se confondaient dans la revue du 29 août, sentimens qu'on peut altérer, obscurcir un moment, mais qui vivent dans le cœur de la garde nationale et qui se reproduisent dans toutes les grandes occasions. N'oublions pas qu'au premier anniversaire de juillet, quand déjà tant de dissentimens s'étaient élevés, quand tant de préventions avaient été suscitées contre la liberté, il fallut, pour obtenir les applaudissemens de la garde nationale, que la royauté citoyenne simulât une victoire des Polonais qu'elle était bien résolue d'abandonner.

C'est par cet accord du peuple et de la classe moyenne que la liberté avait fait tant de progrès; c'est par sa continuation que la révolution de juillet eût pu produire toutes les réformes, toutes les améliorations dont elle contenait le germe. Alors nous eussions marché vers un ordre meilleur, sans nous inquiéter du nom qu'on lui eût donné; et plus cette marche progressive eût été satisfaisante, moins on en eût hâté le progrès. Quand on possède le bien, on est moins impatient du mieux. La monarchie constitutionnelle ainsi entendue pouvait encore aller loin, et la France s'en fût bien trouvée. C'est notre profonde conviction qu'il n'y a de changemens, nous ne disons pas possibles, mais durables et prospères, à établir en France, qu'avec le concours de la classe moyenne. Avec elle, aucune réforme n'effraiera; sans elle ou malgré elle, le plus léger changement paraîtra un danger. Cette idée ne doit décourager aucun partisan des réformes; car il n'en est pas une juste et raisonnable qui ne soit dans les idées de la classe moyenne; il n'est pas un des besoins de la société qui ne soit ressenti par elle.

Du moment que la royauté citoyenne n'était plus qu'une dynastie qui en remplaçait une autre, du moment qu'elle avait aussi une pensée dynastique à faire prévaloir, il fallait que l'accord de la classe moyenne et du peuple fût rompu: aussi, après tant d'hymnes d'enthousiasme pour les vertus du peuple de juillet, la royauté en vint tout-à-coup à dire qu'elle s'était dévouée pour sauver la France des horreurs de l'anarchie. On eût pu croire, d'après tous les discours officiels, que Paris était livré au pillage, au moment où le duc d'Orléans vint accepter le pouvoir. En même temps, le système du gouvernement marchait au but. On refusait au peuple toutes les améliorations matérielles sur lesquelles il avait droit de compter, tout en déclarant que le gouvernement s'appuyait sur la classe moyenne, vrai moyen de faire croire au peuple que la classe moyenne était au moins pour moitié dans le déni de justice qu'il éprouvait. La quasi-légitimité prenait naissance, elle s'incarnait, les traditions de la cour reparaissaient en même temps que celle de la police.

La monarchie constitutionnelle ne tenant presque rien de ce qu'elle avait promis, toutes les têtes ardentes devaient se rejeter vers la république ; les doctrines menaçantes se montrèrent à découvert. Le changement de gouvernement par la force, par l'irruption violente des classes inférieures ; la république avec son inexorable dictature, les doctrines sur la propriété, qu'une malveillance intéressée traduisait facilement en nécessité de partage, en établissement de la loi agraire ; les théories financières qui faisaient entrevoir aux rentiers la banqueroute, comme le remède à tous les embarras ; les attaques passionnées contre la garde nationale, les brocards sur les opinions, qui retombaient sur la classe commerçante tout entière ; il était impossible de mieux servir les vues du gouvernement. Aussi avec quelle avidité il prenait acte de toutes ces imprudences ! Ses organes se hâtaient de diviser la société en deux camps : d'un côté, les propriétaires ; de l'autre, les prolétaires : c'était suivant eux, les Lacédémoniens devant leurs ilotes, les colons devant leurs nègres ; la classe moyenne n'avait qu'à serrer ses rangs. qu'à charger ses armes pour résister aux barbares. Il semble que pour gouverner, il ne s'agissait plus que d'invoquer la guerre civile. Secondé par l'imprudence de ses ennemis et par l'irritation de ses amis, par l'aveuglement d'une majorité qui se jetait tête baissée dans le piége que lui tendait le pouvoir ; secondé surtout par les émeutes, que le télégraphe avait soin de grossir ; par les événemens de Lyon, par ceux de Grenoble, par ceux du mois de juin, le pouvoir en vint à ses fins, la désunion du peuple et de la classe moyenne, et c'est sur ces désunions qu'il a vécu jusqu'à ce jour.

La grande révolution, tout à la fois politique et sociale, qui a changé la face de la France, et celle qui naguère a complété l'œuvre en nous replaçant tout-à-coup dans la voie du progrès, n'ont l'une et l'autre conquis l'assentiment des masses et éveillé la sympathie des peuples, que parce qu'elles ont été entreprises dans l'intérêt de tous. C'est donc méconnaître leur portée et leur caractère civilisateur, que de s'efforcer de ravir leurs résultats au pays, pour les confisquer au bénéfice d'un parti.

Tant qu'un parti règne, la révolution n'est pas achevée, ni sa fin atteinte; et dans une époque d'intelligence et de raison, toute révolution doit se terminer, non point par le triomphe d'un système tout-à-fait exclusif, mais par une transaction entre tous les intérêts.

Cette fusion des intérêts est en voie de se réaliser en France; et certes elle serait aujourd'hui plus avancée, si la presse des partis, n'avait pris à tâche d'envenimer de vieux ressentimens, de créer d'inutiles entraves, de féconder de nouveaux germes de divisions, et d'opposer ainsi à la réconciliation générale les éternelles disputes d'une métaphysique haîneuse, d'une politique rancuneuse. Ce qu'elle veut pour la France, c'est l'agitation, c'est le désordre, c'est l'anarchie, c'est l'état de guerre; ce que veut la France, c'est le repos, c'est l'ordre, c'est l'harmonie, c'est la paix. Aussi les malentendus touchent-ils à leur terme ; car les intérêts ont la voix haute et forte pour imposer silence aux mauvaises et turbulentes passions. L'opinion qui s'est déjà considérablement retirée de la presse extrême, marche à grands pas vers son complet affranchissement. De jour en jour elle comprend mieux que les dissentimens politiques, si utiles à exploiter pour les ambitions individuelles et les coteries de clique, ne sauraient profiter au bien général de la nation, et que, dans tous les temps et chez tous les peuples, les grandes idées ne sont venues, et les grandes choses ne se sont faites, qu'au prix de l'union sincère et du concours de tous les citoyens.

Nous disons qu'il y a aujourd'hui entre les hommes d'opinions opposées, une volonté fortement prononcée, une tendance marquee à une solennelle réconciliation, et nous estimons qu'il est éminemment honorable, hautement obligatoire même, de concourir à la réalisation de cette généreuse pensée, de ce noble projet.

Nos efforts ont pour grand but de combler le plus possible l'intervalle qui sépare les différens partis, de tarir la source des haînes politiques, de rapprocher les sentimens divergeans, de concentrer les spéculations politiques, d'opérer une fusion générale de tous les partis, et de réunir tous les intérêts actuels dans une commune direction, en ralliant les hommes sages, éclairés et consciencieux de toutes les différentes nuances d'opinion autour du drapeau du Tiers-parti ou plutôt parti national que nous croyons être le seul interprète légitime de la charte, le véritable héritier de la révolution de juillet, et par conséquent le seul digne d'être chargé du soin de ses interêts et de l'honneur de sa défense, et des moyens d'en réaliser les effets heureux.

Voilà le grand sujet que nous nous sommes proposé de développer ; voilà la noble tâche que nous nous sommes imposée et que nous avons essayé de remplir.

Accepter l'initiative d'une œuvre, c'est croire à sa réussite ; nous y avons foi parce que nous sommes convaincus qu'il y a du patriotisme, de la franchise et de la loyauté au fond de toutes les opinions, qu'il y a des gens éclairés, honnêtes, vertueux et patriotes dans tous les partis, et parce que tout ce qui est noble et utile doit finir par prévaloir en France sur l'esprit de parti et de coterie, et surtout ce qui est vil, rampant, traître et indigne d'un homme libre et d'un bon citoyen.

Ce serait à la fois un évènement funeste et immoral que le triomphe d'un parti factieux, parce que ce triomphe ouvrirait la carrière à de nouvelles luttes, à de nouvelles réactions, parce qu'il créérait des oppresseurs et des opprimés, des despotes et des ilotes, et baserait toutes les lois sur l'exclusion et la tyrannie.

Aucun des partis qui existent actuellement en France, sauf un seul, ne pourrait créer qu'un gouvernement d'un insupportable absolutisme.

Si l'ancien régime se reconstituait, il tendrait inévitablement à se reconstituer tout entier, avec son esprit de caste, ses priviléges de races et ses vieux abus; bientôt le soin de sa propre conservation l'entraînerait à proscrire tout ce qui parlerait au nom des dogmes démocratiques. Une nouvelle restauration, si elle était imposée à la France, recommencerait, quels que soient ses conseillers, la série d'efforts que nous lui avons vu suivre, pendant quinze ans, pour ressaisir le pouvoir absolu, parce que le pouvoir absolu est la seule expression vraie du principe de la légitimité par le droit divin.

Si la république surgissait un jour en France de quelque lutte populaire, elle soulèverait à l'étranger des inimitiés tout aussi opiniâtres que celles qu'elle a rencontrées une première fois. Les classes moyennes enrichies et mises en possession des droits politiques n'ont plus d'intérêt à l'extension du principe démocratique, et elles sont aujourd'hui les seules puissantes. Si elles venaient à être vaincues accidentellement, il faudrait les comprimer par la terreur, ne pouvant les frapper d'ostracisme, et quelque probité, quelque vertu que puissent avoir les chefs d'un gouvernement en butte aux attaques du dedans et du dehors, ils seraient entraînés malgré eux par une impérieuse fatalité dans les voies de violence et de sang, où marcha malheureusement la convention et les gouvernemens qui l'ont suivi.

Ni le système républicain, ni l'ancien régime ne sont donc aujourd'hui en possession de prétendre raisonnablement au pouvoir, parce que ni l'un ni l'autre ne s'appuie sur la majorité des sympathies, ni des forces physiques et morales de la France.

Un gouvernement ne doit jamais être un parti proprement dit, sa mission est à la fois de les protéger et de les contenir tous dans les limites prescrites par les lois et la sphère des devoirs sociaux.

La profonde moralité, le caractère civilisateur de la charte de 1830 et du système des hommes du Tiers-parti ou parti *parlementaire-dynastique*, consistent à vouloir placer le gouvernement dans cette haute position de modérateur et de médiateur. C'est là ce qui rendrait la royauté du 7 août la digne héritière de la révolution la plus juste, la plus modérée et la moins sanguinaire qui ait éclaté dans les temps anciens ou modernes!

La charte de 1830 était une transaction nécessaire entre tous les intérêts, une consécration devenue indispensable de tous les droits. Le gouvernement du parti *parlementaire-dynastique* n'y peut puiser que des pensées de réconciliation, de paix et d'harmonie. S'il se laisse subir l'influence des partis, il deviendra persécuteur; plus noble que les instigateurs de réactions et de discordes intestines, il adoptera tous les intérêts et autorisera l'expression de toutes les opinions qui ne sont pas subversives du principe constitutionnel, de la liberté et de l'ordre public.

Le gouvernement une fois établi sera aussitôt reconnu de tous les différens partis comme la seule véritable expression de la révolution de juillet, comme la seule opinion digne de la représenter, comme le seul vrai et légitime représentant de la nation. Mais quand même on l'attaquerait ouvertement, à main armée, dans la capitale et la province, il ne sera jamais vaincu ; vainqueur, il se montrera toujours clément, généreux et humain. Il n'y aura pas sous son règne beaucoup d'exécutions politiques, parce qu'il plaira à l'immense majorité, en ce qu'il agira en toute occasion d'après les règles invariables de la justice, selon l'esprit de la charte, qu'il remplira fidèlement ses promesses, et réalisera toutes les grandes et nobles espérances qu'à fait naître la glorieuse révolution de Juillet.

L'histoire ancienne ni l'histoire moderne n'offrent pas un second exemple d'une si magnifique modération, d'une si sublime tolérance, d'une si touchante humanité, grâces aux soins et aux efforts de tous les honnêtes gens, qui contribuèrent par leur zèle à la consommation de cette grande œuvre de régénération sociale et morale.

C'est avec orgueil que je me consacre entièrement à propager et à défendre cette loi de conciliation et de confraternité que la charte de 1830 a proclamée, convaincu que les partis eux-mêmes ont tout à gagner à un rapprochement et à une sincère union. Le gouvernement du tiers-parti sera d'ailleurs assez largement libéral et indépendant, pour que les idées démocratiques et populaires ne refusent pas son alliance ; il tient assez, par la haute origine de son chef et par son respect pour la religion, à la hiérarchie sociale et aux choses d'autrefois, pour que ce qui reste des anciennes convictions puisse accepter son patronage et se rallier à lui.

Oubli des ressentimens du passé, tolérance pour tout ce qui ne touche pas au principe vital et fondamental du gouvernement; union en vue de féconder et d'utiliser l'avenir! Je ne cesserai de répéter ces paroles; j'ai la ferme confiance qu'elles trouveront de la sympathie au fond du cœur des bons citoyens, amis de l'ordre, de la liberté, de la paix et de la morale.

Et certes, il n'y a pas le moindre doute qu'il n'y ait de braves gens, des âmes honorables et généreuses dans chacune des opinions politiques que je viens de combattre, des gens éclairés par le même flambeau de la raison et de la religion, qui aiment la vérité et la cherchent, qui ont soif de la justice, et qui ne sont retenus que par des raisons de consanguinité, par des liens d'affinité, d'amitié, par les préjugés de l'éducation, les convenances de famille, par faute de résolution à se décider, et mille autres circonstances de cette nature, peut-être même quelquefois d'intérêt, et à qui il ne manque, en un mot, qu'une seule chose pour être parfaits, c'est-à-dire la ferme détermination de faire le sacrifice de leurs intérêts chéris. Semblables au jeune homme dont parle l'Evangile, qui, s'étant adressé à Jésus-Christ pour savoir ce qu'il fallait faire afin de mériter le royaume des cieux; sur ce que Jésus lui ait dit qu'il fallait garder les commandemens, lui répondit, qu'il les avait tous observés dès son enfance; alors Jésus-Christ lui dit encore: Il n'y a qu'une chose qui vous manque. *Vade et vende omnia quæ habes et da pauperibus:* Allez et vendez tout ce que vous avez, et donnez-le aux pauvres, si vous voulez être sauvé. Sur quoi le jeune homme baissa la tête et la voix, et s'en alla en murmurant quelque chose entre les dents, à voix basse, disant: *Durus est hic sermo:* Ces paroles sont dures, et ne voulut point obéir au Sauveur du monde. Et en effet, le sacrifice de l'intérêt a été de tout temps, l'est encore aujourd'hui et le sera toujours, la pierre de touche du vrai mérite et de la vertu, le grand écueil contre lequel viendront se briser éternellement les faiblesses et les imperfections humaines; c'est le creuset, la grande épreuve d'où peut sortir victorieux l'homme seul véritablement vertueux et parfait; il n'est donné qu'à lui seul d'opérer ce miracle, tout autre y trouvera son tombeau. C'est dans ce cas qu'on voit clairement combien sont ingénieux et pleins d'adresse pour se faire des illusions l'amour-propre et le cœur de l'homme lorsqu'il s'agit de ses intérêts et de ses passions chéris!

Pour mieux donc engager les différens partis à se concilier et à se réunir, qu'il me soit permis ici de faire quelques réflexions sur les causes puissantes et les motifs pressans que les hommes ont de se pardonner et de se tolérer mutuellement.

Il est certain qu'il n'est et ne sera jamais possible de réunir toutes les opinions et de voir les choses sous le même point de vue, dans aucun système de politique ou mode de gouvernement que l'on puisse adopter, ou quelque bon qu'il soit. La raison en est évidente et la cause inévitable, parce que, d'abord, la manière de voir et les vues politiques, morales et religieuses des hommes sur le même ou sur différens sujets ne seront jamais semblables, par la raison qu'ils ne se ressemblent jamais parfaitement, ni dans le physique, ni dans le moral.

Dans le physique, ils ne se ressemblent pas pour les traits de la physionomie, attendu que la matière ou la substance matérielle qui forme le fond de leur être est une substance mobile, qui se change et se modifie sans cesse, se compose et se décompose à l'infini, et par conséquent ne reste jamais dans un état fixe et invariable. Cette partie physique de l'être de l'homme doit donc puissamment influer sur les caractères, les volitions, les dispositions, les affections, etc., de l'esprit et de l'âme, à raison du point de contact continuel et de l'union intime qui existent entre ces deux substances de nature différente, qui composent son être mixte, et en conséquence produire nécessairement une variété étonnante de caractères, une différence extraordinaire de vues et de manières d'envisager les choses dans les personnes. Ajoutez à cela l'éducation et les premières impressions de la jeunesse, ainsi que les préjugés de l'âge mûr qui y sont attachés, et surtout les différences résultant d'une organisation physique tout à fait différente, opposée dans les hommes. De manière qu'il paraît, d'après une loi générale de la matière, de la nature, que ces différences sont inévitables, essentielles et inhérentes aux parties constitutives de l'espèce humaine.

Et certes, homme borné, ignorant et intolérant, dis-moi, pourquoi n'y a-t-il pas sur la terre deux individus qui se ressemblent parfaitement sous tous les rapports. Quant au physique, on ne trouve pas deux personnes qui soient semblables ni quant à la taille, ni quant à la démarche, ni quant à la physionomie, ni en aucune manière quelconque. Pourquoi la nature a-t-elle formé votre visage différent de celui de votre voisin, de celui de vos frères et sœurs, même de vos père et mère? Réponds, je te prie, à cette question, à ce fait si incontestable, à ce fait si évident! N'est-ce pas un fait indépendant de votre volonté et de la leur? N'est-ce pas un effet inévitable de la mutabilité et de la divisibilité à l'infini de la matière dont se compose la partie passive et inférieure de votre être mixte? Dis-moi comment il arrive que, malgré le nombre infini de moules dont se sert la nature dans ses ateliers nombreux et immenses, dans ses laboratoires chimiques et spacieux, il n'y en a pas deux qui soient exactement de la même grandeur, de la même dimension et de la même conformité ou identité? Comment, par quel miracle, par quelle merveille inconcevable arrive-t-il que parmi tant de moules il n'y en ait pas même deux qui produisent des effets parfaitement pareils et de la même façon ou trempe? Parle, si tu as quelque chose à répondre à cette vérité, puisée dans la nature elle-même. Tu ne dis rien. Je conclus donc de ton silence que tu n'as rien de satisfaisant, ni même de plausible à dire.

C'est donc de cette même cause féconde et inévitable que proviennent tous les différens besoins, caractères, propriétés, penchans, appétits, passions, dispositions, affections*, nuances physiques et morales de toute espèce, qui caractérisent l'homme et le distinguent de ses semblables. C'est de là que sont venus toutes les différentes langues, coutumes, usages, systèmes de gouvernement qui se partagent la terre. Pourquoi un Anglais a-t-il une figure, une langue, une manière de vivre, un mode de gouvernement différens de ceux d'un Français, d'un Espagnol, d'un Italien, si ce n'est pour la même cause? C'est parce que, étant soumise aux lois de la composition et de la décomposition de la matière, qui se modifie et se métamorphose sans cesse, il subit nécessairement et inévitablement tous les différens changemens et phases auxquels elle-même est sujette dans toutes les différentes combinaisons et dissolutions qu'elle éprouve. C'est ici le grand secret de la nature et la cause effective et certaine de toutes les bizarreries, de toutes les différences, variétés, contrariétés, contradictions que l'on remarque à chaque moment et à chaque pas parmi les hommes et partout dans la nature! Oh! si les hommes, l'avaient compris! oh! s'ils avaient approfondi avec attention ce grand problème et en avaient cherché la solution, qui n'était pourtant pas bien difficile, que de scandales, de maux, de catastrophes auraient-ils épargnés à la terre ! que de larmes, de sang, de meurtres, de guerres et de fléaux les plus redoutables de tout genre, n'auraient-ils pas prévenus ! Mais vain espoir ! le scandale est déjà donné, le poison est déjà versé, le mal est déjà fait, le crime est déjà consommé ! Oh ! plût au ciel qu'ils n'eussent jamais ignoré ou méconnu cette grande et incontestable vérité !

Jusques là l'homme n'est donc pas très-coupable, puisque ces choses, c'est-à-dire ces différens appétits, besoins, propriétés, penchans, traits, dispositions, affections, etc., sont en quelque sorte entièrement indépendans de lui et de sa volonté, attendu qu'elles sont l'effet immédiat, le résultat inévitable des modifications diverses auxquelles est sujette, soumise la partie matérielle et passive de son être composé, et qui influe si puissamment sur la partie morale et intellectuelle qui concourt à sa formation.

L'homme n'est donc guère blâmable, sous ce rapport, des idées qu'il peut avoir directement de l'influence irrésistible de ces modifications qu'il ne peut éviter ; il peut être même regardé comme un innocent à l'égard de telles impressions qui le dominent bon gré malgré. Loin de vouloir donc le blâmer pour de telles faiblesses et imperfections, il faut au contraire le plaindre, l'en louer, et l'en acquitter devant le tribunal de la raison. Car il ne faut jamais condamner l'innocent. Mais il y a un autre point de vue sous lequel il faut encore considérer l'homme, et sous lequel nous ne le trouverons pas, je le crains bien, si innocent.

L'homme est un être, comme je viens de le remarquer, composé de deux substances de nature différentes et diamétralement opposées dans leur essence, leurs propriétés, leurs qualités, leurs modifications, leurs affections, etc. L'une est physique et inerte, l'autre est spirituelle et active. Quant à ce qui regarde les lois physiques qui gouvernent la première, l'homme n'a aucun contrôle sur elles ; il est tout-à-fait passif à leur égard ; elles agissent tout-à-fait indépendamment de sa volonté ; elles suivent un cours constant et invariable d'ordre établi par le Createur lui-même ; il ne peut arrêter l'action de leur influence sans détruire son propre être. Le fœtus se forme dans le sein de la mère, l'enfant naît, accroît, se développe, s'agrandit, atteint l'âge de la maturité, l'époque de la virilité, prend l'équilibre de ses forces physiques et morales, ensuite décroît, s'affaiblit, vieillit, périt enfin sans que rien puisse prévenir sa destruction. Chez lui la digestion se fait, l'assimilation s'opère, le sang, les humeurs et les esprits vitaux circulent dans ses veines, l'appétit vient, les opérations chimiques de l'économie animale se font sans qu'il puisse les empêcher, les secrétions s'élaborent malgré sa volonté, qui ne peut rien faire sur elles ! Il est donc évident que l'homme ne peut être passible ni justiciable de tels effets, ni de leurs conséquences qui arrivent, qui ont lieu tout-à-fait bon gré malgré lui. Jettons un coup d'œil maintenant sur l'autre côté du tableau.

Mais il en est bien autrement à l'égard des effets, des opérations et des volitions de l'âme, dont l'homme est constitué maître, et qui sont immédiatement soumis à son contrôle en tant qu'être raisonnable. Il est parfaitement libre à l'égard de tout ce que l'âme veut et fait ; cela tombe directement dans le domaine de son autorité et de son influence. Il est donc clair qu'il est et qu'il doit nécessairement être solidaire et responsable de toutes ces opérations, de tous ces erremens, fautes, égaremens, mauvaises inclinations, dispositions déréglées, de toutes ces sinistres affections, etc., attendu que l'homme est un agent libre par rapport à eux. Car il peut les avoir ou ne pas les avoir ; il peut les étouffer, les éloigner, les réprimer ou en prévenir les effets aussi souvent qu'ils se présentent à lui. Et s'il y met de mauvais vouloir, tant pis pour lui ; c'est sa propre faute : il doit donc être responsable des conséquences funestes qu'ils entraînent à leur suite. Et en effet, sans une telle responsabilité, l'homme serait plus libre et plus privilégié que Dieu lui-même, attendu qu'il pourrait vouloir et faire le mal, violer les lois naturelles, la morale universelle, etc. ; ce qui serait une chose tout-à-fait absurde, contradictoire et extrêmement dangereuse pour la société qu'elle ne tarderait pas d'ébranler et de détruire : non, une telle liberté ne serait autre chose que le désordre et l'anarchie dans tout leur délire et frénésie. Une telle liberté ne mériterait pas ce nom, ce serait la licence, poussée à son comble, et serait tout-à-fait indigne de l'homme, d'un être raisonnable et immortel.

L'homme étant donc le maître de l'âme et de ses diverses opérations, il doit la régler dans tous ses mouvemens, réprimer ou repousser toutes les suggestions et inspirations qui seraient contraires au bon sens, à la raison, à la philosophie et à la religion; il doit écarter et éloigner de lui tout ce qui est opposé au bonheur de la patrie et à l'humanité en général, et, s'il ne le fait pas, il agit en vil prévaricateur, en esclave rampant et dégradé, en perfide corrupteur de la morale, en perturbateur criminel de l'ordre et de l'harmonie des êtres et des mondes.

Je crois utile d'avoir ramené l'attention publique sur l'examen de ces causes des différentes manières de voir des hommes; car lorsqu'on ne voit les propensions que dans leur effets éloignés, les passions que dans les suites funestes qu'elles entrainent, on ne se sent disposé qu'à s'aigrir, à redoubler d'efforts pour les combattre, et en s'obstinant à une telle lutte on ne fait que les exaspérer et leur prêter de nouvelles armes; au lieu que, si l'on se place à une époque antérieure aux débats, si l'on prend sur soi de ne considérer les passions que comme des résultats, pour ainsi dire forcés, d'une longue suite d'événemens, on parvient facilement à dégager la discussion de tout ce qui tient à la susceptibilité, aux ressentimens, à l'amour-propre; on isole l'ambition de cette foule de faux motifs qui, en lui servant de prétexte, ne sont propres qu'à l'égarer; on jette enfin sur le champ de la dispute un jour qui éclaire tous les combattans, et qui leur montre insensiblement qu'en persistant à méconnaître la première origine des impulsions auxquelles ils cèdent, il ne cessent de se méprendre sur les causes, sur le remède des maux qu'ils endurent, et que, vaincus ou vainqueurs, ils sont également dupes et victimes de l'ignorance ou de l'oubli de leurs vrais intérêts. Ces grands et incontestables principes posés et établis, venons maintenant au résumé de mon discours.

Je viens maintenant de discuter et d'examiner à fond une question des plus importantes; j'ai fait voir que la France est extrêmement agitée, et que quatre partis déchirent son sein et se disputent la souveraineté; j'ai prouvé que ces quatre partis, *un seul* excepté, sont de véritables factions qui ne représentent nullement le pays, ni dans ses intérêts, ni dans ses besoins. J'ai montré d'abord que le parti carliste ne représente nullement la nation, attendu qu'il nie la souveraineté du peuple, premier dogme, loi fondamentale du système constitutionnel et représentatif, et qu'il admet en même temps comme conséquence nécessaire, corollaire inévitable, l'obéissance passive qui dégrade l'homme en humiliant la dignité de sa nature: j'ai établi en second lieu que, le républicanisme ne représente pas non plus le pays, en ce que, peu mesuré dans sa conduite, et contre le vœu de la nation, il ne veut pas un trône constitutionnel entouré *d'institutions républicaines*, ni que le chef politique de l'état, le premier magistrat ou principal membre du pouvoir exécutif soit *à vie*, ou que la royauté soit *héréditaire* même sous cette condition tacite, expresse : *tu règneras aussi longtemps que tu observeras le pacte social, la loi fondamentale de l'état, mais aussitôt que tu oseras les violer, tu cesseras de régner, tu mourreras civilement, et tu seras remplacé par un autre plus digne que toi de commander à un grand peuple, de manier le sceptre d'une nation magnanime et valeureuse.* De manière que ne voulant pas reconnaître le principe de royauté constitutionnelle à vie, sous la condition qu'on a sagement adoptée comme un moyen sûr et excellent d'éviter les guerres civiles auxquelles le pays serait autrement sans cesse exposé, et qui seraient les plus grands malheurs et les fléaux les plus redoutables qui pourraient l'atteindre, l'accabler en l'exposant à l'invasion étrangère. A ces raisons viennent se joindre d'autres considérations, savoir, que ce parti veut en outre des lois trop larges et une latitude de liberté et d'égalité que ne comportent pas encore ni les mœurs, ni le luxe, ni les habitudes sociales des habitans, pour ces raisons graves, dis-je, la forme de gouvernement républicain ne peut représenter la nation, ni par conséquent être admise dans le moment actuel comme mode d'administration dans le pays : j'ai prouvé pareillement en troisième lieu, que le parti des *doctrinaires* représente encore moins la nation, en ce qu'il ne veut pas marcher avec elle, qu'il veut la narguer, qu'il ne veut pas développer le principe fécond de la révolution, qu'il tend la main aux carlistes, qu'il va au devant d'eux, qu'il leur offre des places, leur prodigue des pensions, qu'il connive à toutes leurs intrigues, tandis qu'il ne cherche pas, qu'il n'aime pas, qu'il repousse, qu'il persécute même les amis de la révolution, les sentinelles avancées de la liberté, les héros de juillet, qui, par leur héroïsme inébranlable, ont opéré le grand et utile changement, et fait tant de sacrifices pour le faire triompher de mille et mille obstacles qui s'étaient opposés à son exécution ; j'ai démontré en quatrième et en dernier lieu, que le Tiers-parti ou le parti national est le seul des quatre partis qui divisent la France, qui la représente véritablement et le seul digne de la représenter, parce que lui seul a toutes les conditions, toutes les attributions et tous les caractères d'un véritable représentant, d'un légitime souverain, savoir, priorité d'âge, droit de succession, sagesse, prudence, force, majorité, autorité, supériorité de vues, science, modération, amour de la patrie, idée de la justice, de la vérité, désintéressement, dignité, noblesse, majesté, dans toute sa conduite!

Une pareille tâche ne m'était pas très-difficile; il a suffi de jeter un simple et rapide coup d'œil sur l'ensemble de ce parti, sur les hommes qui le composent, sur leurs antécédens et les opinions qu'ils professent pour être complètement convaincu, que ce parti est le seul qui représente véritablement la France, le seul digne de la représenter, le seul qui veut développer d'une manière franche, sage et utile, le principe fécond de la nouvelle révolution, le seul qui veut et qui peut réaliser toutes les belles et brillantes espérances que cette heureuse révolution a fait naitre, le seul qui peut conduire en sureté aux portes du salut le vaisseau de l'état depuis si longtemps agité par les divisions et les dissentions intestines de ses enfans dénaturés au dedans, et par les intrigues et les machinations de ses annemis jaloux et acharnés au dehors !

Espérons donc dans l'intérêt du pays, dans celui de l'Europe et de l'humanité en géréral, que ce parti ne tardera pas long-temps de s'emparer de la direction de l'état, d'arriver au timon des affaires, de prendre, saisir le gouvernail du grand vaisseau de l'état, afin de le diriger en sûreté et sans danger de faire naufrage à travers les bas fonds, le sable mouvant, les rochers, les Sylla et les Caribde et tous les autres écueils qui se trouvent sur sa route, *inter utrumque tene; medio tutissimus ibis*, pour le ramener à pleines voiles au port tant désiré de repos, de calme, de paix et de bonheur, après avoir essuyé sur son passage tant de tempêtes, de secousses et d'avaries excitées par les aquilons furieux de la politique! C'est le desir le plus sincère de mon cœur: c'est le vœu le plus ardent que doit former tout français, ami de la patrie! Je ne doute nullement que la France ne soit heureuse sous l'empire de ce nouveau ministère qui va gouverner loyalement d'après l'esprit de la charte et le vœu de la révolution et le desir de la nation. Juste et inflexible dans sa marche, dans la voie constitutionnelle qui lui est déjà tracée dans la Charte, il ne s'écartera pas de son chemin, il ne tournera ni à droite, ni à gauche.

C'est la charte à la main et la révolution écrite sur ses drapeaux qu'il rendra justice à tout le monde; qu'il fera triompher le grand et impérissable principe de Juillet, et qu'il ne permettra pas à aucun parti ou faction d'attaquer ce grand principe fondamental, parce que un tel procédé, une telle condescendance ou indulgence serait tout-à-fait mal placée, criminelle même, en ce qu'elle encouragerait et réveillerait des prétentions endormies, et précipiterait encore une fois le pays dans la voie de troubles, de divisions et de révolutions nouvelles. Il permettra à toutes les opinions de critiquer, de juger, de censurer même ses actes administratifs, les abus qu'il pourrait commettre, faire de l'autorité qui lui a été confiée, des infractions aux lois, des fautes qu'il pourrait commettre; mais il ne permettra pas follement, comme les ministres doctrinaires, d'attaquer les principes fondamentaux sur lesquels repose l'édifice majestueux de la constitution, de la liberté; parce que une telle conduite serait non seulement absurde; mais extrêmement imprudente et criminelle, en ce qu'elle compromettrait infailliblement la tranquilité et le salut du pays. Non, il ne sera pas assez aveugle et insensé, que de permettre une chose qui amènerait, allumerait inévitablement la guerre civile dans le pays, et finirait par appeler l'étranger sur le territoire. Non, ce gouvernement, éclairé par le flambeau de la raison et guidé par la main de l'expérience, se gardera bien d'agir de la sorte, de se compromettre ainsi et d'exposer la paix du pays à de telles chances; non, il saura distinguer entre les maximes d'une sage tolérance et d'un coupable *tolérantisme*, qui sont deux choses tout-à-fait différentes, deux choses diamétralement opposées ; l'une est une vertu, l'autre un vice, un crime même du premier ordre devant Dieu et devant les hommes. C'est pourtant une telle conduite blâmable et criminelle qu'a suivie le dernier ministère ; et il n'y a pas le moindre doute maintenant, que ce fut ce coupable tolérantisme du ministère, en permettant aux absolutistes d'attaquer sans cesse, dans leurs écrits et dans tous leurs journaux, le principe même de la révolution dans ses racines les plus profondes, qui les a enhardis et les a encouragés à se révolter et à voler aux armes contre l'autorité légitime des lois que la nation venait d'établir; car il est certain qu'une pareille conduite est toujours suivie de semblables conséquences; c'est dans la nature des choses. L'homme est toujours hardi, entreprenant et ambitieux ; accordez-lui un pouce, et il prendra une toise. Il faut savoir donc opposer à temps des barrières à son audace et à ses empiètemens, sans quoi il prendra toujours sans jamais songer à s'arrêter. Voilà ce qui est souvent arrivé de nos jours à l'égard de tous les partis, et voilà ce qui arrivera toujours à l'égard de toutes les factions qui s'élèveront dans un pays quelconque !

Il est donc évident, d'après ce que je viens de dire et de prouver, que le tiers-parti reste seul légitime héritier de la révolution de juillet, le seul véritable représentant de la nation, et par conséquent le seul qui ait le droit de se mettre à la tête des affaires et de commander à tous les autres partis, qui ne sont tout au plus que des fractions plus ou moins grandes, considérables de l'opinion nationale. Son droit est donc incontestable d'après les principes de la raison, du bon sens, de la haute politique, enfin de la religion elle-même, principes qui sont d'ailleurs reconnus de nos adversaires mêmes comme justes, légaux, pacifiques, déterminans et suffisans pour trancher la question, pour tourner la balance et décider en dernier ressort. La question reste donc jugée, décidée entre nous, et sur laquelle il ne faut plus revenir à moins qu'on veuille être regardés comme des gens inconséquens et de mauvaise foi, avec qui il ne faudrait ni plus raisonner, ni plus traiter.

Puisque donc l'opinion ou système de politique suivi par le tiers-parti ou parti *parlementaire-dynastique* est celui de la nation et l'expression fidèle de la révolution de juillet, il est juste et naturel que tous les autres partis ou fractions et nuances d'opinion s'empressent de l'embrasser et d'accourir se grouper autour de ce noyau vigoureux, de ce centre d'unité et de salut, et se rallient sous son drapeau victorieux, et le regardent comme le seul véritable représentant du pays, le digne organe de ses volontés et le dépositaire fidèle de son autorité. C'est cette opinion qui doit désormais former ce noyau conservateur qui doit sauver la nation, ce point d'appui fixe, ce corps central autour duquel doivent graviter et tourner tous les autres corps ou planètes du système politique français. C'est vers elle que tous les autres partis doivent désormais diriger leurs regards, comme vers leur légitime souverain, vers leur vraie source, c'est sa voix qu'il faut écouter, c'est à ses décrets et à ses ordonnances, qu'ils doivent se soumettre comme émanant de la véritable autorité du pays.

Ce parti puissant va faire désormais le bonheur de la nation. Sous son administration, tous les vices qui désolent la société vont disparaître, tels que la mauvaise foi, la fourberie, la trahison, le mensonge, la duplicité, le vagabondage, l'immoralité, l'ingratitude, la cruauté, l'impolitesse, la calomnie, le vol, l'assassinat, etc.! Sous son gouvernement fleuriront toutes les vertus civiles, privées et morales, telles que la bonne foi, le commerce, la droiture, la probité, l'intégrité, la franchise, la politesse, la fraternité, l'humanité, la morale; enfin tout ce qui tient à la justice humaine et à la justice divine! En un mot, ce sera le siècle d'Auguste (ô Pétion!) le siècle d'or, le siècle de félicité! *Justitia ante eum ambulabit* ; la justice marchera devant lui. Sa devise sera : *ubi justitia et legalitas*, *ibi libertas et equalitas* ; là où est la justice et la légalité, là est aussi la liberté et l'égalité. Elle ne s'affichera pas de dire, comme les doctrinaires, que *la légalité nous tue*. Loin de là, elle se fera un devoir sacré de se conformer toujours aux règles invariables de la légalité et de la justice, pleinement convaincue que c'est le seul moyen de gouverner longtemps, de consolider les institutions constitutionnelles, de sauver le pays de tous les dangers de révolutions nouvelles, et d'en assurer à jamais la tranquillité, la paix et le bonheur!

Absolutistes, renoncez donc à vos folles prétentions de renverser le gouvernement constitutionnel. Le pays ne veut pas de votre système absolu, il veut être libre et indépendant. Vos idées sont usées et surannées; les ressorts de votre machine gouvernementale sont brisés, le mouvement en est arrêté. Votre droit divin est un faux principe, une véritable chimère, contraire à la vérité, indigne de la nature, dangereuse pour la société, chimère que repoussent loin l'état avancé de la civilisation et les lumières de notre siècle. Cessez donc d'inquiéter le pays en y jetant les fermens de discorde; éloignez-vous; votre système est prescrit et votre roi est proscrit pour toujours du territoire français. Embrassez donc franchement l'ordre actuel des choses, et soumettez-vous loyalement et sans arrière-pensée au gouvernement de fait que la grande majorité de la nation a voulu et adopté par l'organe de ses députés et de tous ses fonctionnaires et représentans, et à l'autorité desquels elle a mis son sceau.

Je viens maintenant de passer en revue les quatre grands partis ou opinions politiques qui divisent la France; j'en ai examiné séparément les différens systèmes ou croyances politiques, et j'ai prouvé qu'aucune de ces opinions qui se disputent la souveraineté nationale dans ce moment, ne la représente ni ne peut lui convenir, excepté celle du Tiers-parti, dont je viens de démontrer le droit incontestable d'hérédité, la pureté de l'origine, la grandeur du principe, la sagesse des vues, la force ou la puissance des moyens, la constitutionnalité des actes, la sublimité de la fin qu'elle se propose, la modération dans l'exercice de ses devoirs, la tolérance également éloignée de l'*intolérantisme*, de la licence et du rigorisme, les vues pacifiques et conciliatrices, l'amour de conserver la paix de l'Europe et de cimenter une union étroite avec l'Angleterre, sa sœur aînée dans la carrière glorieuse de la liberté.

Il s'ensuit évidemment qu'un gouvernement, basé sur cette opinion ou manière d'envisager la révolution de juillet, peut seul faire le bonheur du pays, opérer la fusion des partis, ramener l'union de tous les citoyens et consommer heureusement ainsi la grande œuvre de la révolution, attendu qu'elle est un moyen-terme, une véritable *juste milieu* (*medio tutissimus ibis*), un noyau, un médiateur, un centre, un arbitre entre eux.

Et vous, doctrinaires, qui voulez-vous imposer à la nation comme des gens indispensables, absolument nécessaires, sachez que la marche vacillante et antipopulaire des ministres d'Etat, choisis dans votre sein, ne la rassure pas. Ils sont, en général, volontairement en arrière du progrès des lumières de l'époque dans laquelle nous vivons.

e triomphe si équivoque du ministère est pourtant [illegible] bien loin d'être définitif, puisque l'a-

YALE

vantage qu'il a remporté dernièrement dans quelques votes n'est que momentané, et que, plus tard, lorsque des rapports sur d'autres propositions seront présentés, l'opposition prendra sa revanche dans la discussion qui sera soulevée par lui.

La victoire passagère du ministère a été due surtout à l'indifférence coupable, pour ne pas dire à la défection de quelques-uns des membres les plus influens du parti libéral. Ils se sont absentés au moment de voter. Du reste, la position des ministres, de l'aveu de plusieurs personnes non suspectes, est une des plus difficiles et des plus compliquées qui se fussent jamais présentées aux délibérations de la Chambre.

Le rôle de *pis-aller* conviendrait au cabinet : la Chambre l'a déjà subi comme tel ; c'est aujourd'hui au même titre qu'il veut se faire accepter de la royauté et du pays. Humbles et bonnes gens, si faciles et si souples quand il faut reconquérir une position, si rogues quand ils l'occupent, qu'il les faudrait toujours voir près de déchoir pour les surprendre dans une phase d'humilité !

Il est déjà question de dissentimens dans le cabinet ; les nuages s'amoncèlent, et l'administration doctrinaire a déjà essuyé plusieurs défaites. Les doctrinaires ne peuvent faire marcher les affaires, et il faudra bien qu'en présence de cette opposition si puissante, qui ne leur permet pas d'avancer, ils reculent. Ils se retireront, après avoir compromis la prérogative royale dans une lutte inégale avec les représentans de la nation. Jamais les ministres de ce pays ne furent placés dans une situation aussi pitoyable. L'attitude des ministres a quelque chose de lugubre et de désespéré. Il est évident que le ministère est dans la situation la plus précaire. Déjà ses amis semblent vouloir déserter son drapeau : ses journaux ne dissimulent pas plus long-temps tous les dangers, tous les embarras de sa situation. Rien en cela ne doit étonner. L'ouverture du procès devant la Cour des Pairs approche, et chaque jour va accroître ces embarras. Cependant le ministère est plus opposé que jamais à l'amnistie, par système et par entêtement. D'ailleurs il peut, à ce propos, se mettre à l'abri derrière le rigorisme de certains politiques, lequel venant à prévaloir, affaiblit la prérogative royale. Sous ce rapport, il est étonnant que la royauté ne s'empresse pas de faire usage d'un droit que certains députés lui refusent, et de proclamer l'amnistie, qui exciterait, en dépit des censures de ces députés, d'unanimes acclamations. La royauté semble ainsi se résigner au sacrifice de l'un de ses plus beaux attributs! Je vais citer ici un trait d'histoire qui ne me paraît pas éloigné de mon sujet.

Auguste César était assis un jour sur son tribunal, jugeant les causes de ces malheureux Romains qui avaient été accusés pour les offenses du temps, c'est-à-dire pour avoir porté les armes sous Brutus et Cassius, en défense de la liberté. Quelques-uns d'entre eux avaient été condamnés par lui, et il y avait peu de doute qu'il ne condamnât les autres, quand Mécène, soit par hasard ou à dessein, entra dans la cour. Elle était extrêmement encombrée, et il était tout-à-fait impossible de s'approcher du tribunal. Il prit en conséquence ses tablettes, écrivit une sentence sur elles, et pria le public de les faire passer au juge. Auguste les ouvrit et lut cette courte phrase : « *Surge jam tandem, carnifex!* — Debout donc enfin, bourreau! » Auguste fut frappé, quitta à l'instant le tribunal, et les accusés furent tous acquittés. Telle fut la méthode que ce ministre employa pour humaniser son prince; et cette aventure place le prince et le ministre dans un point de vue très-avantageux. Combien peu de favoris d'une cour auraient le courage et la volonté de choquer leurs maîtres pour leurs propres intérêts, et combien peu de princes, habitués à une vile flatterie et à une basse soumission de leurs serviteurs, l'auraient enduré!

Nous croyons pouvoir avec certitude féliciter la France de ce que le gouvernement est sur le point de sortir de la confusion et du désordre dont les doctrinaires sont personnellement responsables. Ils savent très-bien les difficultés qui les entourent. Aucune tentative de leurs partisans ne peut plus leur servir, d'autant moins que beaucoup d'entre eux sont dégoûtés par suite du résultat des derniers débats dans la Chambre, et des promesses de réformes presque radicales, à l'aide desquelles les ministres cherchent vainement à se maintenir.

Il est très probable que le Roi consultera bientôt d'autres conseillers que ceux qui l'entourent depuis quelque temps ; mais nous ne pouvons encore rien dire de positif à cet égard : il est cependant à espérer que nos conjectures ont un fondement réel.

Les ministres qui, il y a quelque temps, ont demandé du temps pour pouvoir se soumettre à *une loyale épreuve*, et qui ont prié la Chambre d'attendre les mesures avant de juger les hommes, se sont prononcés dans quelques-unes des dernières séances avec aigreur contre la marche suivie par l'opposition, comme injuste à leur égard. Il vaudrait mieux, ont-ils dit, attaquer les ministres directement et d'une manière absolue, par un refus des subsides, si vraiment la Chambre n'a pas de sympathie pour eux, que de faire des motions indirectes et tracassières qui entravent le système de l'administration, sans faire connaître l'opinion de la majorité.

L'opinion générale est pourtant que le ministère actuel ne saurait se soutenir longtemps. Cette espérance produit une satisfaction générale. On n'a jamais remarqué parmi les citoyens, ni dans la chambre des députés, un aussi vif intérêt, ni un aussi grand empressement à connaître le résultat d'aucune question, le dénoûment d'aucun drame, que de celui dont il s'agit. On est impatient de célébrer le triomphe de la majorité réformiste sur la minorité ministérielle. Cette majorité, confiante en sa force, n'a pas attendu que l'ennemi quittât ses positions et livrât bataille : elle l'a provoquée et a enlevé d'assaut ses plus formidables positions. C'est là une victoire complète et signalée.

En effet, il ne faut pas s'étonner du rude échec que vient d'éprouver le ministère : car, dans un gouvernement représentatif, le choix des ministres est déterminé par des convenances de deux espèces; il faut que le conseil réunisse des hommes dont les principes politiques sont d'accord avec celle de la majorité des chambres, et qui en même temps possèdent la capacité et l'intégrité nécessaires pour diriger les diverses branches de l'administration publique. Sans posséder ces qualités, loin d'être propres à gouverner, ils seraient au contraire tout-à-fait indignes d'une si haute et si difficile fonction.

Les réformistes qui ont voté avec le ministère et qui paraissent être traîtres au fond du cœur, doivent s'attendre à être surveillés de près. Leurs votes, dans les dernières séances, doivent provoquer le soupçon sur leurs croyances politiques. Il faut donc que les vrais patriotes s'unissent, serrent leurs rangs et tiennent ferme contre les oligarchies qui cherchent à nous envahir de toutes parts.

Hommes du tiers-parti, ou parti *parlementaire-dynastique*, songez sérieusement à la noble tâche, à

(1) J'avais d'abord écrit cet ouvrage tout-à-fait en faveur du tiers-parti proprement dit; mais, voyant que l'effervescence populaire a cessé, que les esprits sont calmés, que tout est tranquille, et que plusieurs personnes respectables de cette opinion n'ont pas cette énergie qu'exigent les circonstances actuelles, j'ai

la haute mission que vous avez à remplir, et préparez-vous sans délai à exercer dignement les devoirs sacrés qu'elle vous impose.

L'avis que je vous donne, il faut reconnaître que je n'en puis donner un autre, se résume en ce peu

jugé convenable d'élargir la sphère de mon système, et de l'étendre à la partie la plus saine et la plus modérée de la partie dynastique et gauche, afin de donner plus de force et de mordant à la position actuelle, plus d'empire à la nouvelle combinaison ministérielle que je propose et soutiens. Car, je ne vois pas en effet pourquoi des gens, qui diffèrent si peu dans leurs vues politiques et leurs intentions réelles, restent plus longtemps divisés dans leurs sentimens et leurs intérêts; je ne vois pas, dis-je, pourquoi un mur d'airain existerait plus long-temps entre des gens sensés et éclairés, tous également amis de la révolution, de la liberté, d'égalité, de l'indépendance, de l'ordre, de la paix et du bonheur du pays, et qui ont d'ailleurs au fond la même croyance politique. C'est pour ces raisons graves, et qui me paraissent justes, que j'ai jugé convenable d'étendre le cercle, l'horison politique, d'élargir le cadre que j'avais d'abord tracé, et de consolider et de fortifier ainsi par une augmentation de sagesse, de lumières, d'expérience et de forces matérielles de tout genre, le système que j'avais adopté et entrepris de développer. J'embrasserai donc dans l'immense rayon nouvellement tracé tous les membres de l'opposition dynastique, à compter d'Odilon-Barrot jusqu'à M. Barante, un des membres le plus avancé et le plus libéral du juste-milieu. Je ne sais pas jusqu'à quel point mon appréciation de ces personnages est juste; mais je crois pourtant qu'un tel arrangement serait conforme à l'esprit de juillet et utile au pays, en ce qu'elle fortifierait le gouvernement constitutionnel, en appelant ses amis, en lui donnant de la force, de la solidité et de la popularité; et peut-être plus tard on pourrait même étendre plus loin encore le cercle des capacités, et y faire entrer les gens de talens, de probité, d'honneur, de loyauté et de bonne foi, de toutes les différentes opinions, pourvu qu'ils embrassent franchement le gouvernement de fait et de choix qui existe, et se conde mots : Si vous arrivez au pouvoir, gardez vos principes, comme tous les autres partis garderaient les leurs en pareil cas. Je pense que le tiers-parti ne peut se charger des affaires, si le système qu'il y apporte ne se formule point dans l'amnistie, dans

forment loyalement et sans restrictions mentales au nouvel ordre de choses qu'on vient d'établir, et former ainsi désormais de tous les Français un seul grand corps homogène et politique, une seule famille d'amis, de concitoyens et de frères, qui n'auraient en vue que le même objet et la même fin, c'est-à-dire le repos, la tranquillité, la paix et la prospérité du pays! Puisse-t-il bientôt arriver ce jour si long-temps désiré par tous les amis sincères de l'ordre public, de la liberté et de la patrie!

Je me suis étendu d'autant plus volontiers sur ce sujet, parce qu'il est non-seulement important en soi par rapport à la France, mais encore parce qu'il intéresse l'humanité tout entière, et peut devenir un système général de politique, en ce qu'on peut l'appliquer non-seulement à la France, mais à l'Europe, au monde même tout entier, comme celui qui est à la fois le plus sûr en soi, le plus conforme à la dignité de l'homme, et principalement le plus approprié à son état de faiblesse et d'imperfection. Ce système peut donc devenir une grande constellation, un système universel de gouvernement, appliqué à tous les différens pays du monde. Ce système de gouvernement mixte aura tous les avantages de la république, de la démocratie, de l'aristocratie, de l'oligarchie, de la monarchie, de l'absolutisme, et enfin de toutes les autres différentes formes de gouvernement ou combinaisons sociales, sans avoir aucun de leurs inconvéniens et de leurs imperfections. Dans ce système, on adopte un chef héréditaire pour prévenir les guerres civiles, qui sont les plus redoutables fléaux que les nations ont à craindre. Chargé de surveiller l'exécution exacte des lois, ayant des ministres responsables sous ses ordres et sous son inspection, ce chef n'est responsable lui-même d'aucun acte administratif, sauf la violation volontaire, préméditée et violente des lois fondamentales de l'État, du code qui renferme le pacte social; ce qui seul peut le rendre responsable, criminel aux yeux de la la réforme électorale et la responsabilité ministérielle. Qu'est-ce autre chose que de conseiller au tiers-parti de ne point trahir ses antécédens, d'introduire dans la loi électorale le système des capacités, puisque ce système est le point de départ de la réforme du tiers-parti, comme d'accorder l'amnistie, parce que l'amnistie est une autre base de cette opinion parlementaire, et enfin de rendre responsables les ministres, parce que sans cette responsabilité ministérielle point de garantie pour l'exécution des lois,

nation, et causer sa déchéance ou détrônement. De même, une incapacité reconnue, ou une conduite indigne de la royauté, du premier magistrat d'une nation; en un mot, un mauvais prince qui est inapte et indigne de régner. Il est soumis à la loi comme tous les autres citoyens, et doit être même le premier à la suivre et à en remplir les conditions. Dans ce système de gouvernement, tous les membres de la société sont également soumis à la loi; personne ne peut, sous aucun prétexte, se soustraire à son action et à son influence : tous sont libres et égaux devant la loi, et par conséquent c'est le meilleur pour la généralité des citoyens, et le plus approprié à l'état d'imperfection et de corruption de l'homme, parce que le pouvoir exécutif, concentré, fortifié sous cette forme de gouvernement plus que dans toute autre, est plus fort, plus actif, plus prompt et plus vigilant pour surveiller la conduite de l'homme, réprimer ses déréglemens, prévenir ses crimes, le saisir, et le faire entrer bon gré malgré lui dans le cercle de ses devoirs, le forcer enfin de faire un bon usage de sa liberté et de son égalité, et l'empêcher ainsi de mettre le désordre dans la société. Il est donc clair qu'un tel gouvernement renferme en lui-même tous les caractères de sagesse, de force, de simplicité, le principe d'unité, l'ensemble de vues, la puissance de moyens et la facilité d'exécution nécessaires pour pouvoir agir avec plus de secret, de promptitude, de sûreté et de justice, et par conséquent tous les élémens de vie et de durée, point de gouvernement représentatif, et par conséquent point de liberté.

En cela, je crois avoir parfaitement raison. Que si le tiers-parti, arrivant au pouvoir, ne donnait point d'amnistie, n'opérerait aucune amélioration dans le système électoral, dans l'administration municipale, il renierait ses principes; et sans avoir rallié la plus grande partie des anciens ministériels auxquels il n'inspirerait pas de confiance, puisqu'il commencerait par s'abandonner lui-même, il perdrait dans son propre sein beaucoup de ses amis politiques, qui iraient grossir les rangs de l'opposition: car il ne faut pas qu'il ait deux poids et deux mesures, un système de bascule; il faut qu'il marche droit et franchement dans la voie des réformes constitutionnelles. En un mot, que la charte soit, en toute circonstance, votre boussole, votre étoile de nord, de laquelle il ne faut jamais s'écarter, sous quelque prétexte que ce soit; et le bien, l'honneur et la prospérité du pays, votre seul et unique objet, et la fin de toutes vos veilles et de tous vos travaux. Il est aussi une chose que je recommande fortement aux gens du tiers-parti, ou parti *parlementaire-dynastique*, c'est de baser leur système sur la religion bien entendue, d'appliquer la morale à la politique, de soigner d'une manière toute particulière, comme les anciens grecs et romains et tous les peuples libres, l'éducation de la jeunesse, qui est très-négligée dans ce moment, je veux dire l'éducation morale; car l'homme moral, l'homme de conscience, l'homme de probité, l'homme de conduite, est tout pour la société ; elle ne reconnaît que lui pour son véritable enfant ; car sans ces qualités précieuses, l'homme, quelques talens qu'il ait d'ailleurs, n'est qu'un être nuisible et dangereux à son repos, à sa paix et à sa prospérité. Sans cette précaution rigoureuse, il sera absolument impossible de pouvoir conserver la liberté, je ne dis pas pour toujours, mais même pour aucun temps considérable. Car pour que l'homme soit libre, il faut qu'il ait des règles fixes de conduite, qu'il sache gouverner sa langue, régler ses actions, annoblir ses pensées mêmes; en un mot, se comporter comme il faut à l'égard de ses concitoyens, en respectant leurs personnes, leur réputation et leurs propriétés, et se tenir droit et d'une manière respectueuse en présence de la société, de cet être moral et souverain absolu, qui a les yeux fixés sur lui pour approuver ou condamner sa conduite, selon qu'elle est bonne ou mauvaise. Mais pour arriver à ce degré d'ordre et de perfection, il faut que l'homme soit pris de bonne heure et accoutumé à toute espèce de privations et de fatigues, à souffrir la faim et la soif, et principalement à maîtriser ses passions et à en arrêter les mouvemens déréglés ; il faut nécessairement qu'il soit assujéti à la patience, à l'obéissance et à la subordination, comme le jeune Annibal, pour qu'il puisse faire tout plus promptement par un principe de devoir, de sentiment et d'honneur dans l'heure de danger : car l'homme, comme tous les autres animaux, a besoin d'être dressé de bonne heure et accoutumé aux règles de l'ordre, sans quoi il sera plus tard incorrigible. C'est avec une telle discipline et une telle éducation que la jeunesse deviendra digne de la liberté; c'est avec de telles mœurs, de telles habitudes et un pareil caractère que les jeunes gens pourront un jour s'adresser aux tyrans et aux ennemis de la patrie, comme ce jeune héros dont parle avec tant d'éloge l'histoire romaine. Mutius Scévola, jeune homme d'un courage indomptable, ayant résolu de délivrer son pays d'un ennemi dangereux qui l'opprimait, déguisé en paysan étrusque, entra dans le camp de Porsena, pour tuer le roi ou mourir.

Avec cette ferme résolution, il s'approcha de la place où Porsena payait ses troupes, ayant un secrétaire à son côté; mais prenant ce dernier pour le roi, il le poignarda au cœur, et fut immédiatement arrêté et amené en présence du roi. Lorsque Porsena lui demanda qui il était et quelle était la cause qui l'avait porté à commettre une action si atroce, Mutius, sans hésiter, l'informa de son pays et de son dessein, et en même temps, plongeant sa main droite dans un brasier ardent qui brûlait sur l'autel devant lui : Vous voyez, s'écrie-t-il, combien peu je redoute la plus sévère punition que votre cruauté puisse m'infliger. Un Romain sait non seulement comment il faut agir, mais comment il faut souffrir. Je ne [illegible]is le seul que vous ayez à craindre : trois cents jeunes Romains comme moi ont conspiré votre perte, préparez-vous en conséquence pour leurs sena, étonné de *tant* d'intrépidité, avait une âme trop noble pour ne pas reconnaître le mérite même dans un ennemi. Il ordonna donc en conséquence qu'il fût reconduit sain et sauf à Rome, et offrit aux assiégés des conditions honorables de paix.

Il faut également qu'on s'occupe d'une manière spéciale de l'éducation des femmes; c'est une chose de la plus haute importance: car les femmes sont les moules moraux et physiques où l'homme est formé à la vertu ou au vice. Ce sont elles que la nature a chargées d'une manière spéciale des soins de l'éducation de l'homme, du développement de ses facultés morales et physiques. Si donc les femmes négligent de se rendre propres à remplir de si hautes fonctions, il est évident qu'elles deviennent hautement coupables et répondront au tribunal de la raison, de la nature et de la religion, de ce qu'elles se sont rendues prévaricatrices dans une matière si grave. Il n'y a point le moindre doute qu'une telle négligence de leur part se trouve empreinte des caractères de la plus grande criminalité.

Aussi voyons-nous que tous les peuples libres et civilisés, tant anciens que modernes, furent tellement convaincus de la grande importance de cette matière, qu'ils ont donné une attention particulière à l'éducation morale et physique des femmes, persuadés que l'une ne pouvait pas aller sans l'autre: *Sana mens in sano corpore*. Aussi trouve-t-on parmi eux des exemples frappans d'élévation d'âme, de dévouement, d'enthousiasme, et des vertus civiles qui honoreront éternellement le sexe.

On sait d'ailleurs que *ce qu'on apprend dans la jeunesse s'imprime facilement dans l'esprit, et y laisse de profondes traces qui ne s'effacent pas aisément. Ce qu'on apprend dès le berceau, dure jusqu'au tombeau.*

Si donc les peuples modernes veulent être libres, ou conserver la liberté déjà acquise, il faut nécessairement qu'ils s'appliquent à la méditation de cette haute question, et adoptent les moyens les plus prompts et les plus propres à mettre à exécution un plan d'éducation largement conçu et sagement élaboré. Une telle entreprise, à la fois nécessaire et philantropique ne manquera pas de produire les effets les plus heureux et les plus utiles à la cause sacrée de la liberté, de l'égalité et de l'humanité.

C'est avec une telle éducation, que les femmes européennes peuvent se rendre dignes du haut rang qu'elles tiennent dans l'échelle sociale; c'est avec une telle éducation qu'elles peuvent remplir fidèlement les vues bienfaisantes de la nature; c'est seulement avec une telle éducation, qu'elles peuvent arriver à ce degré de courage féminin et de perfection civile et morale qu'avaient atteint jadis plusieurs femmes grecques et romaines; c'est avec une telle éducation seulement que nos femmes peuvent, à l'exemple de Clélie, fille romaine, déployer un courage héroïque, en défendant la patrie contre des ennemis dangereux qui la menaceraient de destruction; c'est avec une telle éducation seulement que nos femmes, régénérées dans les eaux vives et pures de la liberté et de la morale, peuvent dire à leurs détracteurs, comme cette matrone grecque, si célèbre dans l'histoire, qui, sur ce qu'on lui avait dit que les femmes spartiates savaient gouverner les hommes, répondit fièrement : que si les femmes spartiates non-seulement savaient gouverner les hommes, mais qu'elles seules savaient enfanter des hommes libres!

Il faut convenir, à la honte des gouvernemens et de la société, que l'éducation de la femme et de l'homme a été *scandaleusement* négligée jusqu'ici en Europe : car à quoi étaient bonnes la plupart de jeunes filles ou de jeunes garçons, en quittant les pensions ou sortant des colléges? Qu'avaient-ils, que des idées bien confuses et incertaines des devoirs sociaux, et de ce que la société attendait d'eux? Quelles instructions leur avait-on données, pour les mettre à même de pouvoir remplir dignement et utilement les rôles respectifs qui leur étaient assignés, et qu'ils étaient appelés à jouer sur le théâtre de la société? Quelles notions leur avait-on données de cet ordre, de cette probité, de cette vertu et de cette morale qui font la base essentielle d'une bonne éducation, qui sont si utiles à la société, et qui sont si absolument nécessaires pour former de bons citoyens? Je laisse la réponse à ces graves questions aux hommes éclairés et profonds, et aux amis de l'humanité, seuls capables d'en apprécier toute la portée et toute l'importance!

Puisque la fureur des conquêtes n'est plus le plaisir des nations libres, et que la raison a déployé sa consolante bannière; puisque le monstre antique du préjugé a cédé, nous devrions tourner tous nos moyens vers la morale; c'est l'éternelle amie des hommes et la souveraine législatrice du genre humain. Avec de bonnes lois et de bonnes mœurs nous serons heureux.

Il est nécessaire de toucher à la religion, pour la lier au gouvernement et lui reconquérir l'estime publique. Sa discipline peut être modifiée, et il faut qu'elle le soit pour revêtir ses ministres de la considération qui leur manque et qu'ils ont perdue. La religion importe au bonheur des hommes et des États : l'impie est méprisable au tribunal de l'impassible raison et de la haute philosophie. Tout homme adorant Dieu doit être, sous ce point de vue, un objet d'estime pour ses frères. Laissons, du reste, à l'Être-Suprême à juger la cause d'exclusion, et que nos ministres, réconciliés avec le genre humain, ne prêtent plus au ciel la haine qui n'appartient qu'aux seules passions. Il faut une religion; elle doit être respectée : ses ministres doivent participer aux respects; mais qu'ils soient utiles, tolérans et moraux. C'est à nous à les mettre au niveau de la raison, à faire concorder leurs devoirs et à les placer sous l'empire universel de l'ordre public. Citons à ceux qui portent avec simplicité et bonne foi le joug de l'habitude et du préjugé, ce vers si sensé de *la Henriade* :

« Changez avec l'État que le ciel a changé! »

Travaillons enfin tous sans crainte, et faisons tant de honte aux vices qu'il ne reste que de la vertu en France. C'est le seul et unique moyen de travailler efficacement à l'affermissement et à la conservation de la liberté.

Quand le gouvernement est sans morale et sans décence, et qu'il n'attache de prix qu'à la finance, comment la nation conserverait-elle des lois, de la décence et des mœurs? On ne donnera de véritable grandeur à la France qu'en les rétablissant ; elles sont le vrai *palladium* des empires.

Et vous, Républicains, qui cherchez à tout propos à appliquer au pays votre système, sachez qu'il n'est pas applicable à la France dans l'état actuel de ses mœurs et de ses habitudes. Pour s'en convaincre, nous n'avons qu'à jeter un coup-d'œil rapide sur la nature de l'homme, du gouvernement constitutionnel et de la théorie républicaine.

Si les hommes étaient demeurés dans l'innocence où Dieu les avait créés, il n'y aurait point de rois parmi eux ; naissant tous égaux, ils auraient tous vécu dans l'égalité. Mais le déréglement et l'abus de leur liberté les ayant fait déchoir de cet état heureux, chacun voulut dominer et se faire maître des autres. En vain la voix de la nature, pour réveiller en eux les sentimens d'équité que le Créateur avait imprimés dans leurs cœurs, leur criait : *Ne faites tort à personne; traitez vos semblables comme vous souhaitez qu'ils vous traitent, et respectez en eux l'image de la Divinité*. Ils n'écoutaient que l'injustice de leurs passions. La cupidité n'étant retenue par aucun frein, ne garda plus ni bornes ni mesures. L'ambition, l'intérêt, la haine, la vengeance, toute la meute bruyante des passions et tous les dérèglemens honteux, se répandirent sur la terre comme des torrens impétueux, et causèrent les ravages dont le genre humain fut si cruellement affligé.

Pour arrêter tous ces désordres et se garantir contre leurs effets dangereux, les hommes convinrent de s'assujétir à quelques-uns d'entr'eux, à qui ils donnèrent le droit de les gouverner. Ainsi les rois furent établis pour être les arbitres de la foi publique, pour être une espèce de juges de paix pour décider leurs différens, pour maintenir les faibles contre l'oppression des plus forts, pour terminer les contestations des particuliers, fixer leurs prétentions, et faire rendre à chacun ce qui lui appartient.

Voilà l'origine de la royauté constitutionnelle que vous attaquez avec si peu de mesure et avec tant d'acharnement, et qui pourtant est au fond paternelle, juste et protectrice. Mais cet établissement, le plus utile qui soit au monde et le plus approprié à la faiblesse et à l'état imparfait et corrompu de l'homme, ne pouvait être ni légitime ni durable si Dieu, unique dispensateur de toute autorité et conservateur de tout ordre, souverain maître de la vie et de la mort, ne l'avait confirmé et sanctionné, comme moyen d'harmonie, en communiquant à ces nouveaux chefs politiques un esprit de sagesse et une mesure de sa puissance, et le droit de juger les hommes, d'imposer des peines aux crimes et de punir ceux qui troublent l'ordre de la société. De sorte que, sous ce rapport, cette haute magistrature peut être regardée comme une participation de la souveraineté de Dieu sur les hommes, en ce qu'ils peuvent être considérés comme ses ministres qui concourent directement avec lui à la conservation de l'ordre. Aussi, dans les livres de la révélation, il s'en déclare le protecteur. Mais, philosophiquement parlant, on peut même dire qu'il commande à toutes sortes de personnes d'être soumises aux puissances supérieures; qu'il avertit que les rois tiennent sa place sur la terre, et que celui qui leur résiste, tant qu'ils font exécuter fidèlement les lois de l'État, résiste à ses ordres, parce que sa volonté souveraine est que l'ordre s'observe partout dans tous ses ouvrages et par toutes ses créatures.

Car Dieu ne veut proprement qu'une seule chose, qui est que l'ordre soit gardé en tout. C'est son idée pour ainsi dire dominante, vu qu'il s'occupe sans cesse, par sa providence, de la conservation de ses ouvrages. La loi de la nature qu'il nous a donnée n'est qu'un détail et une manifestation brillante de ce que l'ordre exige de nous; et comme tout notre mérite consiste à connaître et à faire la volonté de Dieu, il est évident que nous ne sommes justes qu'autant que nous sommes conformes à l'ordre, c'est-à-dire qu'autant que nous aimons et que nous suivons la justice et la vérité. Non-seulement notre récompense éternelle est attachée à cette conformité, mais encore toute la douceur de la société civile. Le monde serait une image de la paix et de la félicité dont les bienheureux jouissent dans le ciel, si l'ordre y était exactement observé. Mais les épaisses ténèbres qui nous environnent, et les passions violentes qui nous agitent, sont des obstacles formels à la connaissance et à l'amour de l'ordre.

Suivant ces principes, il y a des devoirs de rois et des devoirs de peuples, et ces devoirs sont réciproques. Si l'état de citoyens renferme un engagement de soumission, d'obéissance et de fidélité, l'état de roi renferme un engagement de protection, d'équité et de droiture dans l'usage du gouvernement.

Les princes qui veulent suivre leur destination et entrer dans les desseins de Dieu, doivent donc s'appliquer, non à faire régner lenr propre volonté, mais à faire régner la vérité et la justice, qui ont pour règle et pour principe la raison de Dieu même et sa volonté éternelle. S'ils sont sensibles à leurs véritables intérêts, ils formeront leur conduite sur ce plan, qui n'est pas moins conforme à la bonne politique qu'à la religion. En effet, comme un prince ne saurait établir solidement sa puissance et son autorité, si, d'une part, il ne se fait aimer de ses peuples, et si, de l'autre, il ne se rend redoutable à ses ennemis, il en résulte nécessairement que la justice et la vérité, qui seules peuvent lui procurer ces deux avantages, sont les plus fermes appuis des rois.

Quant à la république, il n'est pas un homme

sensé, tant soit peu versé dans la haute politique, et qui ait la moindre connaissance du cœur humain, qui pourrait vouloir sérieusement l'appliquer à la France dans l'état actuel de ses mœurs et de ses habitudes, fruit de l'ancien régime absolutiste sous lequel elle a vécu depuis tant de siécles, et qui ne sont pas encore formées, fondues dans le nouveau moule constitutionnel : car il faut du temps nécessairement pour faire ces changemens, opérer ces réformes, (comme il paraît clair, d'après ce que César a dit depuis tant de siècles touchant le caractère, les mœurs et les habitudes françaises). Ne croirait-on pas qu'il avait fait ce portrait de nos jours, tant il y a de ressemblance et de vérité dans la description et les traits. Or, si le caractère et les mœurs d'un peuple changent si lentement, que de temps ne faut-il pas encore avant que la nation française puisse opérer un changement radical des fautes et des vices que cet ancien auteur lui reproche dans ses mœurs et ses habitudes absolutistes, contractées et chéries depuis tant de siècles !

D'ailleurs, tous les publicistes et écrivains versés tant soit peu dans la haute politique et les matières gouvernementales tombent d'accord sur ce point important, essentiel, que le luxe et la corruption qui en est la fille aînée, l'ambition, l'amour des plaisirs comme fin, et les richesses comme moyen nécessaire pour atteindre cette fin, sont des choses dangereuses, des passions criminelles, absolument incompatibles avec l'existence de la liberté et de l'égalité, et qu'elles ne puissent durer long-temps où dominent ces passions déreglées : car ce sont ces passions dangereuses, ces vices sociaux qui corrompirent la Grèce. Ils effacèrent jusques dans Lacédémone l'héroïsme de la pauvreté et le feu sacré du patriotisme qu'elle nourrissait. Les richesses commencèrent et consommèrent la décadence de Rome plus tard. En France, la vénalité et le fisc ont avili le gouvernement et ont banni toute décence. Or, il sera extrêmement difficile, sinon impossible de pouvoir complètement prévenir et totalement détruire ces vices corrupteurs et subversifs de l'ordre social en France, parce que la France, à raison de sa position topographique et de la beauté de son climat, sera toujours un pays très-civilisé, très-peuplé, très-adonné à ses plaisirs, très-fréquenté de riches étrangers qui y viendront chercher des plaisirs et dépenser leurs revenus, et y apporteront par conséquent leurs vices et leur corruption. Si vous ajoutez à tout cela mille autres causes non moins actives et puissantes, provenant infailliblement de la situation et de la constitution interne du pays, vous serez convaincus comme moi de l'extrême difficulté qu'il y aura de pouvoir jamais opérer une réforme radicale des mœurs et des habitudes en France, et par conséquent de pouvoir y jamais établir la république, qui suppose la présence de toutes les vertus civiles et sociales, et l'absence de tous les vices dont je viens de parler et qui y sont si contraires.

Pour ces raisons graves et incontestables et pour

bien d'autres, il doit être clair comme le jour pour tout homme sensé, de bonne foi, et qui veut être conséquent avec lui-même, que la forme de gouvernement républicain ne peut nullement convenir à la France dans le moment actuel. Vouloir donc l'y établir, ce serait la placer sur une salpêtrière, sur un volcan; ce serait exposer le vaisseau de l'État à faire un naufrage inévitable, en se heurtant contre des écueils et des rochers dangereux; malheur que l'expérience et l'habileté d'aucun pilote ne pourrait éviter ni prévenir. Loin de vouloir donc établir ce mode de gouvernement dans les circonstances actuelles, il ne faut pas en parler, il ne faut pas même y penser! Si vous voulez un jour établir cette forme de gouvernement républicain, commencez par préparer de loin les hommes pour pouvoir vivre dans cet état; préparez-les par le moyen de la morale, de la religion, des vertus civiles; *vaccinez-les moralement;* donnez-leur une conduite propre, digne d'hommes libres; inspirez-leur une conscience à toute épreuve : car, sans posséder ces qualités nécessaires, je persiste toujours à dire que la forme républicaine, quoique la plus parfaite et la plus séduisante en théorie, est la pire et la plus dangereuse en pratique pour un peuple qui n'y est pas préparé par l'instruction morale. Mais ce n'est pas en *matérialisant* l'homme, en détruisant toutes ses facultés morales, et le nivelant ainsi à l'état de la brute, par la propagation de mauvais livres et de pernicieuses doctrines, qu'on puisse espérer de le préparer à jouir de la plénitude de la liberté.

Mais vous me direz peut-être que, si la forme républicaine est la plus parfaite en soi; elle doit être la meilleure pour l'homme, et par conséquent qu'il doit l'adopter sans hésitation. C'est précisément le contraire; c'est parce que c'est un état de vivre qui exige la perfection, que ce n'est pas fait pour les hommes en général, qui, ordinairement parlant, sont des êtres imparfaits et corrompus. Ils doivent aspirer à cet état, mais se garder bien d'y entrer sans être parfaitement préparés par l'instruction civile et morale; car autrement ils courent à leur destruction! c'est Saturne qui dévore ses enfans.

Ajoutons à toutes ces raisons graves qu'il n'y a pas de gouvernement si sujet aux convulsions, aux guerres civiles et aux agitations intestines, que le démocratique ou populaire, parce qu'il n'y en a aucun qui tende si fortement et si continuellement de sa nature à changer de forme, ni qui demande plus de vigilance et de courage civil et de caractère moral pour être maintenu dans sa pureté. C'est surtout dans cette forme de gouvernement que le citoyen doit s'armer de force, de constance et de zèle, et dire chaque jour de sa vie au fond de son cœur : *Malo periculosam libertatem quam quietum servitium.*

S'il y avait un peuple de Dieux, il se gouvernerait démocratiquement; car un gouvernement si parfait ne convient pas aux hommes : c'est au dessus de leurs forces ordinaires; c'est une région trop élevée.

La nature de l'homme est si maligne, les replis de son cœur sont si impénétrables, qu'il est bien difficile de pouvoir compter sur lui; de manière que le livrer à lui-même et à ses penchans déréglés, et lui donner une liberté absolue et indéfinie, serait une chose très-dangereuse et pour lui-même et pour la société qui finirait par en être la victime.

Est-ce donc à un être si déréglé et si corrompu que l'on voudrait sérieusement donner une liberté absolue et indéfinie? Est-ce un tel être, doué de tant de moyens de nuire et de faire le mal, que l'on voudrait à toute force pousser au large, lancer dans la société, comme un brandon de discorde, pour porter partout le désordre, l'épouvante et la mort? A Dieu ne plaise qu'on voie jamais se réaliser un projet si absurde et si chimérique, un système de politique si insensé et si dangereux? Non, il faut que l'homme soit guidé et surveillé dans l'exercice de ses droits et de sa liberté; il faut qu'il soit soumis aux règles de convenances, au despotisme de la loi; il feut qu'il soit responsable de ses actions et de l'usage qu'il fait de sa liberté; il faut qu'il soit forcé bon gré malgré de rentrer dans l'ordre, et d'en observer scrupuleusement toutes les règles invariables et toutes les conditions essentielles; il faut enfin qu'il soit responsable de sa conduite; autrement il fera des sottises, il commettra des injustices, il se rendra coupable de crimes et de forfaits, en empiétant sur les droits des autres et en violant les lois de la justice.

Républicains, vous vantez sans cesse les anciennes républiques comme des modèles de législation, de civilisation, de perfection et d'humanité, cependant nous avons bien des avantages sur l'antiquité, du moins sous le rapport de l'humanité, qui méconnut et outragea souvent les droits de l'homme. La barbarie offre les excès de ses farouches et extrêmes vertus : la brillante civilisation, les excès de la corruption et de la licence. Sparte fut austère envers tous les citoyens, et cruelle envers les Ilotes. Athènes eut des lois plus humaines; mais le tyran Pisistrate s'empara de la république du vivant même de son législateur Solon, et l'on sait ce qu'est l'humanité à la tyrannie! Jusques dans ses jeux, Rome était féroce : aujourd'hui l'humanité est mieux sentie. Les circonstances orageuses qui ont produit les révolutions modernes ont nécessité, dans les constitutions, des vices qui sont aperçus. Venus, après tant de siècles d'erreur sur la vraie science de gouvernement, n'en serions-nous ni plus sages ni plus heureux? Tant de ruines nous instruisent! tant de malheurs devraient nous éclairer! N'est-ce pas assez que l'homme dispute quelques momens de jouissance à la faiblesse du premier âge, aux tumultueuses passions qui le suivent, aux douleurs et aux regrets au milieu desquels il finit sa carrière? Faut-il encore que le désordre public décuple les maux qui dévorent sa précaire existence? Persuadés de leurs besoins communs et de la réciprocité des devoirs, les hommes ne feront-ils jamais pacte de paix universelle, qui armerait toutes les vertus et la raison contre les passions désordonnées qui attaquent l'ordre général?

Au lieu donc de flatter les peuples et les tromper par de fausses promesses, et de la vaine espérance de voir réaliser des utopies insensées, il vaut mieux leur faire sentir que la prospérité de l'état, que le bonheur particulier dépend essentiellement de l'exacte observation des lois : la violence ne peut jouir qu'un moment de ses succès et de ses prospérités criminelles, on s'élève bientôt de toutes parts contre elle; et les hommes qui rompent le pacte social, ce fondement de la tranquillité publique, en reçoivent tôt ou tard la peine inévitable. Tel est le ton ferme et touchant avec lequel on doit conseiller les peuples de respecter les lois et de ne jamais troubler l'ordre public et la liberté.

C'est aux amis de la liberté et de l'humanité de s'empresser de hâter, par leur zèle et leurs efforts généreux, l'arrivée d'une époque tant désirée. C'est en instruisant les peuples sur leurs droits, et principalement sur leurs devoirs sociaux et moraux, qu'ils arriveront à ce but sublime de leur mission de régénération politique et religieuse, qui est la base essentielle de toute réforme radicale et durable. Ce n'est pas en parlant d'une manière vague et indéterminée, ce n'est pas en vociférant à tous propos les grands mots de liberté, d'égalité et d'humanité, qu'ils arriveront à ce terme, qu'ils rempliront cette haute mission de salut public, mais en préparant les peuples à jouir sagement et tranquillement des dons précieux de la liberté, de la liqueur énivrante de l'égalité : car, sans être des êtres raisonnables et moraux, les hommes ne peuvent jamais rester dans un état de liberté et d'égalité.

Jamais une chose ne fut plus certaine ni mieux constatée par tant de faits incontestables et de preuves irrécusables de tout genre. Car sans cela, l'homme est déréglé et sans conduite ; il attaque et viole sans cesse le bon sens, la raison et la loi ; il est en butte continuelle avec eux ; ce qui nécessite inévitablement une force majeure et supérieure répressive, pour le forcer, bon gré malgré, d'entrer dans le cercle de l'ordre qu'il doit parcourir et dans lequel il doit tourner sans cesse, parce que l'ordre est la première condition de la société.

Il est temps, après tant d'essais de constitutions et de secousses de révolutions, dans une période de cinquante ans, de trouver bon qu'en France le repos soit rendu au guerrier, la confiance à l'industrie, la sécurité au commerce, le calme aux lettres, aux sciences et aux arts, une existence réelle et durable à la nation.

Voilà ce que je me suis proposé de démontrer, non par des déclamations, mais par des faits ; ce qui est toujours, ce me semble, la meilleure manière de prouver. Je n'ai qu'un titre à la confiance du lecteur; c'est de n'être animé d'aucun esprit de faction ni de coterie, ni d'être mu d'aucun motif d'ambition ni d'intérêt, d'avoir voulu faire le bien, unir les partis, en suivant scrupuleusement les lois de l'impartialité et de la justice. Ces titres là m'ont paru pouvoir en suppléer beaucoup d'autres.

Dans ces crises des états, qu'on nomme guerres civiles, chacun a quelque chose au sanglant drame, au terrible jeu. Français, chefs de famille, citoyens de tout rang et de toute classe, amis de la liberté, de l'ordre et de la gloire nationale, mais amis aussi de l'indépendance, des lois et de la paix, j'ai comme vous ces intérêts si chers. On peut donc croire à celui que j'ai de vivre sous un bon gouvernement. Je pense, en conscience, que nous le possédons dans le gouvernement constitutionnel qu'a établi la révolution de juillet; il ne faut que le suivre fidèlement, et lui donner progressivement tous les développemens dont il est susceptible.

Du reste, royaliste ancien, royaliste de la Charte de 1814, *cavalier*, *roundhead*, républicain, démocrate, bonapartiste, partisan de la régence, tout lecteur me convient, pourvu qu'il soit honnête homme, qu'il aime la vérité et la cherche; car je ne m'adresse qu'à la bonne foi, et ne me fais pas illusion de pouvoir convaincre celui qui n'en aurait pas; mais je ne suis pas non plus de ceux qui appellent mauvaise foi ne pas penser comme eux, parce que les manières de voir et les jugemens des hommes, quelque bonnes et sincères que soient d'ailleurs leurs intentions, sont souvent différens.

Si la lecture de cet écrit laisse une seule des personnes, qui ne s'en doutaient pas auparavant, bien pénétrée de ces vérités :

Que pendant un grand nombre d'années on a cruellement amusé le peuple avec des *mots*, qui n'ont profité qu'à un très-petit nombre de personnes;

Que les *choses*, qui doivent profiter à la nation entière, sont dans le gouvernement seul de la Charte, qui doit être dorénavant une règle sacrée, invariable et inviolable, et dont on ne doit ni on ne peut jamais s'écarter sans compromettre la sûreté de l'État, et nous exposer à de nouvelles commotions et convulsions révolutionnaires ;

Que tous les maux qui ont désolé notre malheureuse patrie depuis long-temps, et dans ces six dernières années principalement, sont l'ouvrage de la folie et des fureurs de ces hommes aveugles et insensés qui ont osé violer la Charte et les lois fondamentales de l'État ;

Enfin qu'il vaut mieux se reposer, après tant d'agitations si longues et si violentes, dans le sein de Titus, d'Antonin ou de Marc-Aurèle, que dans celui de Tibère, de Néron, ou d'un nouveau comité de *salut public*, sous le nom de conseil de régence, ou peut-être même (ce qui serait pour tout vrai Français le dernier excès de malheur), sous le joug d'une domination étrangère; si je produis cet effet, dis-je, je croirais n'avoir pas travaillé sans succès, et avoir atteint le grand et seul objet de mon ambition.

Et qu'il me soit permis de faire ici, avant de terminer, quelques réflexions et de les adresser aux partisans aveugles des guerres et des révolutions irrégulières. Ces réflexions sont bien affligeantes pour l'ami de l'humanité et humiliantes pour l'espèce humaine.

Il est certain, d'après une longue expérience, qu'aucune révolution, soit régulière, soit irrégulière, ne peut s'opérer sans de grands malheurs, sans une grande effusion de sang, sans la mort d'un grand nombre de personnes qui en sont toujours les victimes.

Pour se convaincre pleinement de cette vérité, nous n'avons qu'à jeter les yeux un moment sur la dernière révolution française, qui pourtant n'a pas été de beaucoup près la plus sanguinaire, attendu qu'elle n'a pas fait une seule exécution par motif de vengeance, par esprit de parti, pour des crimes politiques. Si nous voulons pourtant calculer le nombre d'individus qui ont perdu la vie pendant les trois journées de juillet, et depuis en France et dans les différens pays étrangers, par suite de cet événement, nous verrons que le chiffre est effrayant; et il faut remarquer que l'œuvre n'est pas encore achevée, consommée. Si nous comptons d'abord le nombre des tués en France, en Belgique, en Pologne, en Italie, en Angleterre, en Irlande, en Portugal, en Espagne, en Savoie, en Grèce, en Syrie, à Alger, et en divers autres endroits, pour ne pas compter le grand nombre de personnes qui périront encore avant que l'œuvre de régénération politique, morale et religieuse puisse s'achever, qui pourra calculer le nombre des victimes? quel géomètre pourrait supputer le nombre des malheureux qui succomberont? En méditant sur une pareille catastrophe, qui pourrait s'empêcher de verser des torrens de larmes? N'y a-t-il pas de quoi faire trembler, de quoi faire saigner le cœur de tout homme qui a le moindre mouvement de sympathie, de pitié, de compassion dans l'âme, et dont les facultés morales ne sont pas entièrement affaissées sous le poids des passions, des vices et des crimes, et qui n'a pas perdu tout sentiment d'humanité?

Si nous ajoutons maintenant à cette triste idée la réflexion suivante, qui pourrait en supporter le poids accablant? Quand nous considérons qu'un si grand nombre de personnes tuées dans une telle lutte, et en si peu de temps, aurait suffi pour peupler tous les mondes de Copernic, de Galilée, ou de l'immortel Newton lui-même, puisqu'un seul homme et une seule femme ont suffi pour peupler notre globe. Or, si un tel nombre de personnes tuées en si peu de temps et dans des pays si rapprochés aurait suffi pour peupler tant de mondes, que ne serait-il pas si nous voulions calculer tous les hommes qui ont été immolés dans toutes les différentes révolutions et guerres civiles et étrangéres qui ont eu lieu dans tous les pays et dans tous les siècles depuis le commencement du monde! Quelle idée affreuse et attristante!... Qui pourrait en soutenir la déchirante impression? Tant de personnes n'auraient-elles pas suffi pour peupler tous les mondes et systèmes planétaires que Dieu aurait pu créer? N'auraient-elles pas même épuisé sa toute-puissance?

Ah! qui que vous soyez, qui vous faites un jeu de la vie et de la liberté des hommes, si, fixant vos regards sur le tableau hideux des maux que produit la tyrannie, quelle que soit la forme sous laquelle

elle agisse, vos entrailles n'en sont pas émues, vos cœurs navrés ; si une juste indignation, à ce spectacle horrible, ne s'empare de votre âme, éloignez-vous, quittez le séjour des humains, fuyez vers les forêts et les déserts pour y vivre avec les tigres, les hyènes et les lions : voilà votre société ; car vous êtes indignes de jouir plus long-temps des bienfaits précieux de la civilisation, de l'ordre social et de la liberté !

Où courez-vous, hommes de guerre et de révolutions irrégulières, où courez-vous, et que voulez-vous faire de ces épées étincelantes ? N'a-t-on point répandu encore assez de sang sur la terre et sur la mer ? Non pour détruire les superbes villes ennemies, rivales des vôtres, ou pour mener en triomphe par les rues les peuples que nous n'avons point encore attaqués, mais pour faire périr notre capitale par ses propres forces, selon les vœux de nos ennemis. On ne remarque cette cruauté ni aux loups, ni aux lions, ni aux tigres mêmes : ils n'exercent jamais leur rage que contre les animaux d'une autre espèce. Est-ce une fureur aveugle, ou quelque force majeure et invincible qui vous entraîne ? sont-ce vos crimes ? Parlez. Ils se taisent : la pâleur couvre leurs visages, leurs esprits sont saisis d'étonnement et d'épouvante. Il n'en faut point douter, c'est le crime, c'est la cruauté de leurs propres cœurs, c'est le meurtre des innocens, c'est le crime de leurs ancêtres, c'est ce sang innocent qui a été fatal à toute leur postérité, et qui attire sur nos têtes la vengeance des hommes et le courroux de Dieu. Arrêtez-vous donc, hommes insensés et criminels, dans votre carrière homicide et impie (1) ; ne croyez pas que vous puissiez réussir longtemps dans vos projets coupables. Vous pouvez rompre pour quelque temps cet équilibre universel qui tient dans un état de balancement et d'équipondérance tous les corps matériels ; vous pouvez détruire pour un temps cet ordre invariable et éternel qui tient liés et enchaînés étroitement ensemble, dans un état d'harmonie, tous les êtres ; mais vous ne pouvez pas empêcher long-temps que cet équilibre nécessaire et cet ordre merveilleux se rétablissent bientôt, parce que la nature et l'essence des choses l'exigent, le veulent absolument : Dieu et les hommes en général en sont les garans les plus sûrs et les plus infaillibles !

O homme, entre en toi-même, considère attentivement la cruauté de ton cœur, la faiblesse de ton esprit, l'énormité de tes crimes, la bassesse de ta conduite, la folie de tes projets, l'extravagance de tes entreprises.

Que te sert-il de tenir tes yeux ouverts sur le magnifique spectacle que te présente sans cesse la belle nature, si restant aveugle sur toi-même, tu ne sais pas y voir ta grandeur ? que disent tous les êtres matériels à toi être raisonnable qui les admire ? qu'un seul rayon d'intelligence est plus brillant que cette foule d'astres ; que l'homme, dont le vaste sein peut embrasser dans une pensée l'ensemble de la

(1) Exterminez, grand Dieu, de la terre où nous sommes,
Quiconque avec plaisir répand le sang des hommes.
(*Voltaire.*)

nature, et Dieu avec elle, est plus grand que cette immensité de merveilles.

O homme, ouvre ton sein, étends tes desirs, agrandis ton cœur, élargis sa capacité jusqu'à ce qu'elle soit égale à ta grandeur. Laisse agir ce ressort, cet instinct qui veut t'élever, ces passions sublimes qui te pressent d'entrer dans le monde intellectuel, où la vérité t'attend pour te montrer des objets dignes de toi. Comment ton âme si vaste peut-elle se comprimer, se rétrécir jusqu'à la petitesse de cette terre, de ce point imperceptible, sans dimension et sans poids? Une seule de tes pensées embrasse et parcourt tout l'espace qui est entre le néant et Dieu, et un atôme te remplit? tu es immortel, et un moment de vie borne et satisfait tes désirs! Ne t'étonne plus d'être malheureux, l'homme fut formé pour un bonheur infini; mais le bonheur n'est fait que pour une âme grande dans ses désirs et dans ses vues. Tout ce qui est petit et vil nous rapproche du mal et de la peine, en nous éloignant du bien et de la vertu. Elle ne peut entrer dans un cœur étroit. Le vice n'est qu'un défaut de capacité dans l'âme, d'étendue dans la pensée.

Le feu ne darde point vers la terre ses lames enflammées. Comme lui, l'âme aspire à monter, et quand nous la forçons de s'abaisser sur des objets périssables qu'il faut laisser tôt ou tard, elle est dans un état violent et contraire à sa nature. Nous en sommes sévèrement punis.

Nous voulons saisir la gloire : nous courons après

son ombre rampante et nous nous précipitons dans la bassesse. Voyez-vous ce malheureux qui privé de sa raison, n'a plus que des sens qui l'égarent.

Hommes du Tiers-parti, permettez-moi de vous adresser encore la parole avant de terminer cet ouvrage et de vous faire part de quelques autres idées sur le grand sujet qui nous occupe. Quand vous arriverez au pouvoir, vous vous hâterez d'achever l'ouvrage que la révolution de juillet a si heureusement commencé ; souvenez-vous que c'est à vous d'en réaliser toutes les brillantes espérances ; c'est à vous de rallier autour de votre drapeau victorieux toutes les différentes opinions, d'opérer la fusion de tous les partis ; vous allez donner à la France, à l'Europe, au monde tout entier, un noble exemple de grandeur d'âme, d'enthousiasme, de dévouement, de zèle et de courage dans le gouvernement de l'état et la défense de la liberté et de l'indépendance ; vous allez attirer autour de vous par le déploiement de vos vertus civiles et privées les hommes éclairés, consciencieux, modérés et vertueux de toutes les différentes nuances d'opinion. Tous les braves et honnêtes gens s'empresseront de se joindre à vous, de se grouper autour de votre étendard et d'embrasser vos principes, seuls conservateurs de l'ordre et de la liberté. Semblable à la mer qui reçoit dans son sein profond les eaux des rivières et des fleuves qui s'y jettent, ou bien à un foyer immense de feu, de lumière et de chaleur, vous allez recevoir et absorber dans l'immense cercle de votre autorité toutes les autres opinions, fractions et nuances d'opinion qui divisent la France dans le moment actuel. Vous allez devenir le point central d'un vaste cercle où doivent aboutir tous les points divergens, tous les rayons épars de l'opinion publique. Quand vous aurez le pouvoir, souvenez-vous des vices et des crimes qui rendent des ministres odieux et nuisibles, et des qualités et des vertus qui les rendent agréables et utiles aux nations. Gardez-vous de vous servir de ces intrigues infâmes des cabinets et de ces principes machiavéliques des cours qui les ont depuis si longtemps déconsidérés, avilis, et leur ont fait perdre la confiance des peuples. Plus sage et raisonnables dans votre marche, vous imiterez plutôt la conduite simple et bienfaisante de la nature ou de la providence qui fait tout pour le mieux. Que votre gouvernement ne soit pas un système de bascule, n'ayez pas deux poids et deux mesures. Tenez toujours dans vos mains la balance de la justice, cette *reine* et *arbitre* du monde, *omnia in pondere et mensurâ*. C'est en suivant cette ligne droite et sage de conduite que vous vous rendrez de plus en plus agréable à la nation dont vous avez déjà la con- et l'estime, et que vous méritez à tant de titres.

Car ce sont les partisans du Tiers-parti qui ont défendu dans le moment du danger la liberté et la loi, les propriétés et les personnes dans toutes les occasions où leur présence fut nécessaire. Ce sont les gardes nationaux, dont la grande majorité, la presque totalité même sont de cette opinion, qui ont opéré la révolution, l'ont défendue et conservée depuis cette époque. Ce sont eux, et non pas les partisans de la doctrine, qui sont très-peu nombreux, qui ont veillé partout à la garde de la liberté. Ce sont eux qui, dans la capitale et sur tous les différens points du royaume, ont soutenu au risque de leur vie la belle et glorieuse cause de la révolution de juillet; ce sont eux qui ont déployé avec un courage héroïque et une fermeté inébranlable les drapeaux tricolores si souvent menacés par les attentats audacieux des factieux: toutes les différentes parties du royaume ont été à la fois les théâtres et les témoins de leur zèle, de leur bravoure, de leur dévouement, de leur enthousiasme et de leurs exploits; enfin ils ont été partout excepté dans la *rue Transnonain*, ils ont laissé ce *trait* de gloire à d'autres qui en étaient plus dignes!

Et vous, hommes libres, de quelque pays ou nuance d'opinion politique que vous soyez, soyez unis entre vous; la conservation du grand et impérissable principe que vous défendez avec tant de zèle et de courage, en dépend absolument: rappelez-vous ce grand axiôme, cette belle maxime, *l'union fait la force*, *vis unita fortior*, *ubertas ex fœdere et pace:* l'abondance vient de l'union et de la paix; n'oubliez jamais que c'est cette union qui, dans tous les pays et dans tous les siècles, a fait la force des états et a triomphé de tous les obstacles; n'oubliez pas au contraire que c'est la désunion et la division qui ont, de tout temps, affaibli, épuisé les nations et perdu la cause sacrée de la liberté.

Souvenez-vous que c'était ces motifs de confédération et d'union qui unissaient autrefois les Grecs pendant un temps, en un corps d'une grande puissance et d'une plus grande renommée; c'est par cette association ou union qu'un pays, ayant à peine la quatrième partie de l'étendue de la France, fut capable de disputer l'empire du monde avec les plus grands monarques de la terre. Par cette association ils étaient capables non seulement de résister, de tenir en échec, mais même de combattre, de mettre en déroute et de disperser les armées les plus nombreuses de la Perse, en réduisant leur pouvoir à un état si bas que de les faire soumettre aux conditions de paix les plus humiliantes et les plus mortifiantes; mais de tous les états de la Grèce, les deux qui se distinguèrent le plus et par leur union et par leur valeur, furent Athènes et Lacédémone. Ces différens états, quoique totalement indépendans, et quelquefois même en guerre les uns avec les autres, furent néanmoins liés par un langage et une religion commune, par la célébration des jeux publics auxquels ils assistaient tous, et particulièrement par le fameux conseil des Amphyctions, qui s'assemblait deux fois par an à Thermopyle afin de délibérer sur l'intérêt général de ces états, des députés desquels il fut composé.

Et vous, Représentans des nations, choisis et chargés de veiller à leurs intérêts civils et moraux, imitez la conduite sage et pieuse des députés de l'ancienne Grèce; souvenez-vous que vous êtes obligés, comme eux, de donner un exemple de la moralité et de la religion aux peuples que vous représentez. Car les peuples attendent tout de vous, et vous ne devez pas ignorer combien l'amour de la religion et le respect pour la Divinité contribuent à la paix, à la prospérité et au bonheur des peuples, en les détournant des vices et des crimes, et en les attirant vers l'honnêteté et la vertu. Vous devez donc, à l'imitation des Représentans éclairés et pieux des anciens états de la Grèce et de Rome, qui, apres avoir offert des sacrifices à la Divinité pour invoquer ses lumières, attirer ses bénédictions et obtenir son secours dans leurs conseils et leurs opérations, firent serment pourtant, qu'ils ne détruiraient jamais aucune ville des Amphyctions, qu'ils n'arrêteraient le cours des eaux, soit en guerre soit en paix, et qu'ils s'opposeraient à tout attentat pour diminuer la révérence et l'autorité des dieux auxquels ils venaient d'offrir le tribut de leurs adorations. *Prima officia debentur Diis immortalibus, secunda patriæ, tertia parentibus; nous devons d'abord nos hommages à la Divinité, secondement à la patrie, troisièmement à nos parens.* Comme eux, vous devez faire respecter Dieu et la religion, ses ministres et le culte qu'on lui doit; vous devez enfin, de rigueur, faire observer le jour consacré à son service; sans cela, il n'y a point de fondemens, de bases, pour les lois que vous faites, ni de garantie pour leur exécution; sans cela, point de morale, point de paix, point de bonheur pour la société. Souvenez-vous donc que tout édifice politique bâti et élevé sur tout autre fondement, sera nécessairement chancelant, et ne tardera pas à s'écrouler avec un grand fracas. L'expérience de tous les siècles et de tous les pays l'a prouvé, et le prouvera toujours. Par quelle fatalité arrive-t-il donc qu'on néglige un point si essentiel de la saine politique. D'ailleurs, si les gouvernemens ne s'occupent pas des moyens de former de bons citoyens, quel secours auront-ils au moment du danger et des révolutions pour se défendre contre les attaques des gens turbulens et séditieux, qui se révoltent et se déchaînent contre eux, en troublant l'ordre social et la paix ? Où seront les hommes sur lesquels ils pourront compter dans une pareille crise et fermentation populaire ? Que les gouvernemens ouvrent donc enfin les yeux et voient toute l'inconséquence et tout le danger de leur conduite négligente et criminelle ? Au lieu donc de perdre follement votre temps si précieux dans de futiles disputes, d'inutiles contestations, sur des sujets trivials ; au lieu de transformer le sanctuaire de la justice en salle de vaines déclamations et des tours de rhéteurs ; au lieu de changer le temple de Thémis et de la Raison en un cirque ou arène de gladiateurs où on met en jeu et aux prises toutes les passions haineuses d'une politique querelleuse, chicanière et insensée, songez plutôt à vous occuper des débats importans, des questions profondes, de la haute législation et des grands intérêts de la patrie, de la liberté et de l'humanité en général.

Une telle conduite sera infiniment plus sage et plus digne des Représentans des peuples libres, plus conforme à la dignité des Législateurs qui sont appelés à méditer profondément sur les moyens les plus propres à remédier aux maux qui désolent la société, qui travaillent à la confection et à l'élaboration des lois pour améliorer le sort de l'humanité souffrante, et qui cherchent la solution du grand problême dela meilleureforme de gouvernement ou des combinaisons sociales, qui puissent contribuer le plus puissamment au perfectionnement des lois humaines et au bonheur du genre humain. Voyez cette gravité, cette dignité et cette majesté qui distinguèrent si éminemment les anciens Sénateurs grecs et romains ! Voyez avec quel sérieux, avec quelle conscience, avec quelle attention et avec quelle maturité ils délibèrent et approfondissent les grandes questions politiques et morales que le temps, les circonstances et les intérêts précieux de la patrie et de la religion leur présentent ! Et, en effet, quelle confiance les Représentans des nations peuvent-ils inspirer à leurs commettans, aux peuples qui ont les yeux fixés sur eux, s'ils ne se conduisent pas dans l'exercice de leurs hautes fonctions avec cette modération, cette dignité, et cette majesté qui conviennent aux ministres d'un ministère sublime, du vénérable sacerdoce qu'ils exercent, et dont ils remplissent les redoutables fonctions !

Ces Représentans ne réfléchissent pas assez sur les résultats désastreux, sur les conséquences sérieuses de la violation de ces grandes règles d'ordre, de ces convenances parlementaires, sur l'absence de ces conditions législatives. Il est pourtant certain qu'une grande partie des malheurs qui affligent la société, dérivent de ces malheureuses divisions et du scandale quedonnent dans leurs assemblées bruyantes et orageuses, les députés des différens pays, faute d'ensemble de vues, de plan d'opérations, de communauté d'idées, d'union d'opinions. Dans ce désordre et manque d'attributions de délégués, les peuples trompés dans leurs vives espérances, et croyant que la vertu n'est qu'une *chimère* et la justice un *vain mot*, oublient leurs devoirs, perdent tout respect pour leurs députés, se livrent, comme eux, aux désordres et s'abandonnent à l'esprit de parti, en suivant l'une ou l'autre des factions qui divisent les chambres. Ils donnent ainsi le signal d'une guerre civile dans le pays qui ne tardera pas longtemps avant d'éclater. Aussi voyons-nous que ces déplorables effets ont toujours suivi la mésintelligence des Représentans des peuples, et le scandale qu'ils ont donné par leurs criminelles divisions.

Pour vous convaincre de cette triste vérité, nous n'avons qu'à lire l'histoire de tous les peuples qui ont eu des représentations nationales. En Angleterre on a souvent vu arriver ce déplorable résultat à toutes les différentes époques de sa vie politique. En France on a vu, pendant les différentes phases de la première révolution ce même malheur arriver; par exemple à l'égard des Girondins et des Montagnards et des autres différentes factions qui se sont élevées dans la chambre représentative. Et depuis la dernière révolution deux grands, quoique déplorables faits ou événemens malheureux, viennent s'ajouter à tant d'autres faits et donner de la force et du poids à mes raisonnemens. Le premier dans la question du *compte-rendu* qui était immédiatement suivi des sanglantes catastrophes du 6 avril : le second dans la discussion soulevée touchant la suppression des assemblées populaires, qui fut immédiatement suivi de l'affaire déplorable du 14 avril. Ces faits et mille autres qne l'expérience et l'histoire nous fournissent sont plus que suffisans pour prouver la vérité de ce que je viens d'avancer.

Quel malheur donc que les Représentans des nations qui pouvaient si facilement faire le bonheur de la société, s'oublient au point de donner par leurs funestes divisions et manque des formalités parlementaires, des scandales qui sont la cause immédiate, la source féconde de tant de malheurs pour les peuples! quel malheur que ceux qui tiennent entre leurs mains toute la plénitude de la souveraineté nationale, ses ressources immenses, la confiance des peuples et tous les moyens nécessaires pour faire le bien et cicatriser les plaies profondes de l'humanité souffrante, n'aient pas pu jusqu'ici atteindre ce noble but de leur mission! Car ils ont à leur disposition toutes les richesses des nations, ce levier si puissant qui remue tout et sans lequel on ne peut rien faire; ils ont en leur pouvoir tous les moyens de réprimer l'audace, d'arrêter les empiètemens des gouvernemens, en leur refusant les subsides si nécessaires au service public, et sans lesquels aucun gouvernement ne peut marcher : par ce moyen ils peuvent enchaîner les rans, les détrôner, et les bannir même du territoire quand bon leur semble, quand ils violent les lois fondamentales de l'état, en lui substituant le caprice de leur volonté arbitraire, de rompre les fers des peuples et leur donner la liberté et l'égalité, c'est-à-dire le bonheur. Ils n'ont qu'à élever la voix et donner le signal, et les nations se réveilleront dans un clin d'œil et se rallieront jusqu'à un seul homme autour de leur drapeau victorieux, et abandonneront leurs oppresseurs, qui se trouveront bientôt sans considération, sans force, sans poids et sans influence.

D'où vient-il donc qu'une assemblée à la fois si respectable et si puissante a montré en général jusqu'ici tant de faiblesse, de mauvais vouloir, d'impuissance et de corruption ? Cela vient, n'en doutons pas, de ce que ce corps est mal organisé, qu'il y a un vice radical dans les moyens de son existence, c'est-à-dire qu'il est entouré de piéges, d'intrigues et de tentations, ou, pour parler plus clairement, le Chef du pouvoir exécutif a trop de moyens pour corrompre ses membres, en ce qu'il a à sa disposition un nombre infini de places, de pensions, de sinécures, de faveurs de tous genres à donner, par le moyen desquelles il peut amorcer, agacer, reveiller l'ambition et la soif de l'or des membres de ce corps respectable, qui n'ont pas le sentiment de leur dignité, et qui sont prévaricateurs et infidèles à leurs mandats. On peut s'attendre à voir arriver le même scandale et la même corruption, jusqu'à ce que ces honteux et dégradans abus soient proscrits à jamais du corps social par une loi positive, claire et définitive, d'après laquelle il serait expressément défendu à tout député, sous peine de révocation de son mandat, de prendre aucune place sous le gouvernement pendant la durée de sa mission ou délégation ; sans une telle loi salutaire le mal sera incurable et existera éternellement.

Véritables patriotes, ayez toujours devant les yeux les grandes vertus civiles et privées que doivent posséder les amis de la liberté, de l'égalité et de la patrie : une grande simplicité de mœurs qui prévienNent la multitude d'affaires et les discussions épineuses ; ensuite beaucoup d'égalité dans les rangs et les fortunes, sans quoi l'égalité ne pourait subsister long temps dans les droits et l'autorité ; et enfin peu ou point de luxe ; car ou le luxe est l'effet des richesses ou il les rend nécessaires ; il corrompt à la fois le riche et le pauvre, l'un par la possession, l'autre par la convoitise; il vend la patrie à la molesse, à la vanité, à l'orgueil ; il ôte à l'état tous les citoyens pour les asservir les uns aux autres, et tous à l'opinion ; en un mot, n'oubliez jamais que la vertu est le principe vital et conservateur d'un pays libre ; car toutes ces conditions ne sauraient subsister sans la vertu.

Ayez toujours devant les yeux l'exemple des grands hommes, champions de la liberté, dont les histoires grecque, romaine, anglaise, suisse, polonaise, américaine et française nous fournissent des exemples frappans : souvenez-vous de la vertu, de la magnanimité et de la grandeur d'âme des sages et des héros grecs, des Lycurgue, des Solon, des Démosthènes, des Thémistocle, des Miltiade, des Epaminondas et des Léonidas aux détroits des Thermopyles. Représentez-vous la conduite généreuse et célèbre de Camille, qui s'adressa ainsi à un perfide qui voulait trahir sa patrie: « Exécrable » scélérat, s'écria le noble romain, offre tes abominables propositions à des êtres comme toi, et non à » moi. Quoi! bien que nous soyons les ennemis de » votre ville, n'y a-t-il pas des liens naturels qui » unissent tout le genre humain, et qui ne devraient » jamais être rompus? Il y a des devoirs exigés de » nous, en guerre aussi bien qu'en paix; nous ne » combattons pas contre l'âge de l'innocence, mais » contre des hommes, des hommes qui, sans doute, » nous ont traités mal; mais cependant dont les » crimes sont des vertus quand on les compare aux » tiens. Contre de tels vils artifices notre devoir est de » n'employer que les artifices romains, la valeur et » les armes. »

Souvenez-vous que c'était une chose commune de voir les consuls et les dictateurs, qui étaient les principaux magistrats, tirés de la charrue pour conduire les armées contre les ennemis, et après la victoire, retourner encore à leur charrue et passer le reste de leur vie dans une modeste retraite; retraite infiniment plus glorieuse que les victoires signalées qu'ils avaient remportées.

Plusieurs des plus grands hommes et des plus illustres romains laissèrent à peine en mourant de quoi payer les frais de leurs funérailles, et furent enterrés aux dépens du public. Curius, qui ne possédait rien, refusa une somme considérable que les Samnites lui offrirent, disant, qu'il ne voyait pas de gloire à avoir lui-même de l'argent, mais à commander ceux qui en avaient. Fabricius, qui fut souvent à la tête des armées romaines, et qui triompha aussi souvent de leurs ennemis, fut trouvé assis auprès de son foyer, mangeant des racines et des herbes qu'il avait plantées et cultivées lui-même dans son propre champ. Scipion, après une victoire qu'il avait remportée en Espagne, trouva parmi les prisonniers une jeune princesse d'une extrême beauté, qui, ainsi qu'il fut informé, devait être bientôt mariée à un homme de qualité de ce pays, ordonna qu'elle fût traitée et servie avec autant de soins et de respects que si elle eût été dans la maison paternelle, et aussitôt qu'il put trouver son amant, il la lui donna, en ajoutant à sa dot l'argent que son père avait apporté pour sa rançon; ce noble exemple de modération, de continence, de générosité, lui gagna les cœurs de tous les Espagnols.

Souvenez-vous des Cambden, des Leicester, des Fox, des Cowper, des Macintosh, des Canning, des Guillaume-Tell, des Schaffer, des Kosciusko, des Poniatowski, des Bredeslaw, des Washington, des Franklin, des Boissy-d'Anglas, des Mirabeau, des Bailly, des Benjamin-Constant, des Foy, des Jourdan, des Labbey Pompières, des Lafayette et de tant d'autres grands hommes de tous les pays, qui ont défendu la cause sacrée de la liberté, et se sont ainsi couverts d'une gloire immortelle !

Telles sont les récompenses qui couronnent toujours la vertu et le véritable héroïsme, et tels sont les exemples que les hommes libres doivent imiter s'ils veulent être grands et bons, ce qui est le seul moyen d'être heureux et d'attirer les autres vers la vertu et le bonheur.

Bien différens de ces grands et vertueux hommes, de ces personnages véritablement libres, plusieurs soi-disant libéraux de notre siècle ne sont que de vils esclaves de leurs passions, *des Sybarites efféminés, des esclaves ambitieux* qui ne cherchent que des places et de l'or et des biens honteusement acquis pour satisfaire leurs passions criminelles.

La liberté désavoue et repousse ces faux et dangereux amis ; ce sont eux qui ont fait perdre sa cause sacrée dans tous les pays et dans tous les siècles ; ce sont des gens qui cherchent à s'enrichir sous son manteau et à ses dépens, et se soucient très-peu de son honneur et de son triomphe, de sa disgrâce et de sa chûte, pourvu qu'ils puissent se frayer, sous son égide protectrice, une route à la fortune et aux richesses.

Il importe donc infiniment à la liberté et à ses amis, que ces traîtres soient démasqués et leur conduite signalée à tous ceux qui s'intéressent à la grande cause des peuples. Car il n'y a rien de si dangereux pour une cause ou une société quelconque, que de nourrir dans son sein des enfans perfides, des serpens, des traîtres qui ne cherchent qu'à la perdre.

O Français ! vrais amis de la liberté, accourez à son secours, soutenez-la avec fermeté, courage et un zèle infatigable(1), et soyez sûrs que vous triompherez de tous les obstacles que des traîtres ou des ennemis déclarés puissent opposer à vos généreux efforts; la cause est belle, elle est juste, elle est utile; il ne faut qu'avoir de bonnes intentions, de courage, de sagesse et de modération, en développant progressivement et avec mesure (2) le principe fécond de l'immortelle révolution de juillet ; car le bon citoyen doit avoir zèle aux affaires publiques et regarder plus loin qu'à vivoter en des servitudes honteuses.

Il est vrai que le patriotisme n'est pas un feu qui s'allume dans tous les cœurs au même moment ; il faut avoir goûté les douceurs de la liberté pour aimer la patrie, et comme, jusqu'à présent, plusieurs personnes n'en ont éprouvé que les inconvéniens, il ne faut pas s'étonner si tant de cœurs sont tout de glace pour la cause commune.

C'est un spectacle tout à la fois agréable et terrible, qu'un combat entre l'amour du pouvoir et l'amour de la liberté, où l'intérêt, l'hypocrisie et la violence se trouvent aux prises avec la prudence, le courage et la raison, où un petit nombre de citoyens, qui se sentent dignes de porter ce nom, ayant à leur tête les gens de lettres qui n'ambitionnent aucun pouvoir, attaquent sans relâche la colonne redoutable

(1) Prends l'occasion aux cheveux avant qu'elle tourne le dos. Le péril est dans le retardement.

(2) Le travail assidu, encore qu'il soit lent, avance plus qu'en se hâtant.

que forme un amas d'hommes intriguans et pervers qui, à la veille d'être privés par la révolution de leurs places, de leurs pensions, de ressources abusives que leur fournit un rang odieux ou des professions dangereuses, cherchent à se procurer des ressources plus abusives encore, sous des dehors moins alarmans, et à se garantir du mépris et de l'indignation publique, en s'appropriant, quoiqu'ils ne soient pas même dignes d'obéir, une portion quelconque d'autorité.

Le succès ne serait pas longtemps douteux entre de tels adversaires, si quelque chose pouvait vaincre l'insouciance du reste de la nation, et la porter à s'instruire des principes sur lesquels repose le pacte social, et à étudier les hommes qui veulent commander.

Chez un peuple qui a des mœurs, les élections et la conduite sont toujours sages, ses démarches prudentes, ses décisions tendent toujours au bien général, parce qu'il veut et sait être libre; mais les décrets d'un peuple corrompu sont toujours extravagans, ses élections mauvaises et l'exercice de sa souveraineté bruyant et orageux, parce que tout sert à le séduire et à l'égarer, à l'irriter ou à le corrompre.

Le peuple de la capitale se trouve dans une position qui apprendra à l'univers s'il saura donner au reste de la France le noble exemple de conserver sa liberté morale et civile, après lui avoir appris à la conquérir et à l'honorer!

Il est donc à espérer que les honnêtes gens, amis de l'ordre, de la paix, de la prospérité et de la gloire de leur pays s'empresseront de se rallier sous le drapeau du parti parlementaire-dynastique comme la seule expression véritable de la révolution de juillet, le seul représentant légitime de la nation; car en agissant autrement, en s'éloignant de lui, ils ne feront qu'éloigner le moment tant désiré de l'union et de la confraternité parmi leurs compatriotes, exposer le pays à tous les dangers d'une guerre civile et étrangère, c'est-à-dire aux plus grands maux et fléaux qui puissent visiter et affliger l'espèce humaine.

Il est évident, qu'en agissant de la sorte, ils se rendront coupables d'un grand crime, et qu'ils seront responsables de tous les malheurs résultant de leur obstination et de leur entêtement. C'est de ces raisons, de ces causes qu'arrivent tant de maux qui désolent la société. Voyez tous les fléaux qui accablent la malheureuse Espagne dans ce moment, et qui proviennent de la même source : car si le parti carliste ne s'était pas entêté, s'il avait cédé par amour de paix, comme il aurait dû le faire, ces grands malheurs ne seraient pas arrivés. Si au lieu de pousser à la guerre un peuple fanatique et têtu, si au lieu de l'exciter à combattre pour une cause qui est injuste, les prêtres et les moines leur avaient conseillé de céder par un esprit de paix et de charité, et pour ne pas verser inutilement le sang de tant d'innocentes victimes, selon le précepte de l'Evangile : si l'on vous ôte votre habit, donnez aussi votre manteau ; si l'on vous frappe sur la joue gauche, présentez la joue droite; faites-vous, comme dit Saint-Paul, tout à tous, pour gagner tous à Jésus-Christ, par l'exercice et la pratique de la charité. Mais les hommes sont trop charnels, trop corrompus et trop vindicatifs pour écouter des conseils si sages et si pacifiques; la partie animale de la nature physique de l'homme est trop brutale pour prêter l'oreille à de telles leçons de modération, de paix et d'humanité; cela n'entre pas dans ses vues ni dans ses intérêts ; il lui faut des troubles, des calamités publiques, du sang, c'est là son élément; il faut que l'humanité souffrante saigne sans cesse pour satisfaire à la férocité et à la cruauté de son caractère barbare; il faut que la société désolée soit agitée et bouleversée sans cesse; que la veuve pleure, que l'orphelin verse des larmes, que les pères et mères gémissent, que la nature tout entière soit renversée pour assouvir son esprit de vengeance et son acharnement.

Hatez-vous donc, pendant qu'il est temps encore, de vous rallier au Tiers-parti et de soutenir la cause de l'ordre public et de la liberté qu'il soutient. Bientôt peut-être il sera trop tard, il ne sera plus temps ; le mal sera trop grand, il deviendra irréparable. Tout ce que vous pourrez faire alors sera tout-à-fait inutile; vous ne pourrez être alors qu'un spectateur impassible, un observateur impuissant. Vous serez entraînés vous-mêmes, malgré vous, sans pouvoir y résister. Semblable à un homme qui tombe dans une rivière profonde et se trouve emporté par son courant rapide; c'est en vain qu'il se débat contre le torrent qui l'entraîne; c'est en vain qu'il cherche à gagner la rive; tous ses efforts sont inutiles; après avoir lutté et s'être débattu pendant quelque temps contre les eaux furieuses qui l'entraînent dans leur mouvement impétueux, lassé, épuisé de tant d'efforts et de fatigues inutiles, il succombe, il coule au fond et disparaît pour toujours. Tel est précisément le cas où se trouvent ceux qui s'efforcent trop tard, au milieu des convulsions populaires et des mouvemens révolutionnaires, d'en arrêter l'effervescence et l'ébullition furieuse: il n'est plus temps; le mal est déjà commencé, et il se consommera bientôt.

Que les indifférens et les tièdes réfléchissent donc sérieusement et prennent conseil sur ce terrible exemple, cette horrible leçon; qu'ils n'attendent donc jamais trop longtemps, trop tard pour soutenir la cause de la justice, de la vérité, de l'ordre et de la liberté, parce que les plus grands dangers et les plus déplorables calamités peuvent en résulter et pour le pays et pour eux-mêmes. Qu'ils soutiennent d'une manière ferme et d'un zèle infatigable la bonne cause, c'est-à-dire le parti sain, légitime et puissant de la nation, qui mérite de l'être: sans quoi ils exposent le salut public aux plus grands dangers et encourrent par conséquent la plus grande responsabilité, et pour laquelle ils ne pourront jamais faire une réparation suffisante!

C'était dans les mêmes vues de haute sagesse et pour

entretenir un esprit de patriotisme et prévenir toute indifférence egoïste et coupable dans les affaires publiques et les intérêts de la république, que Solon, le plus grand législateur de l'antiquité, ordonna que quiconque dans les divisions intestines et les guerres civiles, n'épouserait pas la cause ni de l'un ni de l'autre parti, mais resterait neutre, serait déclaré infâme, condamné à un exil perpétuel, et que tous ses biens seraient confisqués. Par un motif semblable il permit que chaque citoyen pût attaquer en justice quiconque ferait tort à un autre.

La situation politique de la France intéresse vivement aujourd'hui toutes les différentes classes de la société : il n'est plus permis à personne de se renfermer dans un froid égoïsme, dans une indifférence apathique, sans s'exposer d'être justement regardé comme un mauvais citoyen. J'ai dit ce que dit tout le monde ; j'ai essayé de chercher quelles sont les lois que l'opinion sage et modérée et par conséquent la majorité désire et réclame ; j'ai donné librement mon opinion. Les hommes trop ardens, les sentinelles *avancées* de la liberté me blâmeront peut-être ; ils seront injustes : je ne blâme que leur impatience et l'inopportunité de leurs procédés politiques, qu'ils n'accusent pas mes intentions. Le drapeau de la liberté, aux trois brillantes couleurs, nous a coûté assez de sang, rallions-nous, Français, autour de cet étendard redouté, mais modérons notre ardeur, aimons ce roi que, libre et victorieuse, la nation a élevé à la première royauté de la terre, ce roi plus légitime mille fois par le suffrage du peuple français que tous ces princes que la France a bannis, ou ceux qui se targuent d'une longue chaîne d'ancêtres et de l'hérédité appuyée sur le droit divin. Pendant qu'il respecte la charte rallions-nous à lui. N'en doutons pas, sachons attendre et bientôt nous serons riches, puissans, respectés sur toute la terre, et notre prospérité fera le désespoir de tous nos ennemis!.....

L'hérïoque révolution, qui vient de délivrer la France du joug d'un fanatisme sans religion et d'un despotisme sans gloire, ouvre à la France une carrière immense et brillante ; elle s'est élancée à la tête de la civilisation. L'Angleterre l'a proclamée à jamais glorieuse: tous les hommes éclairés de l'Europe, froissés et humiliés par le joug du despotisme, font des vœux en notre faveur ; ils espèrent qu'un jour libérateur luira aussi pour leur patrie , et qu'en attendant, en présence de la liberté et du bonheur des Français , le despostime n'osera plus s'écarter avec tant d'audace des principes sages et modérateurs de l'équité, et fouler aux pieds les peuples et les droits imprescriptibles des nations.

Quand les intérêts ne s'y opposent pas, les choses vraies sont accueillies et approuvées ; elles ont, en général, une telle influence sur le bien-être de la société que les sommités de cette même société se chargent de les propager. Nous ne sommes plus aux temps des grandes erreurs. L'ignorance perd l'avantage de la popularité ; le petit nombre de ceux qu'on peut tromper se réduit à la masse inévitable des hommes dépourvus d'intelligence. Les fripons ou les hypocrites sont démasqués et flétris; pardon à tous, ils ont fait le bien de l'époque, à force de vouloir en faire tout le mal. Les dupes sont très-rares: nous ne parlerons pas des entêtés, ils rentreraient dans la classe d'hommes qui ne peuvent comprendre.

Dans le sein d'une grande nation, qui a acquis la connaissance de ses droits légitimes, il se manifeste ordinairement des commotions, des convulsions même quelquefois qui pourraient être comparées à celles d'une mer orageuse et irritée qui menace de destruction les digues élevées pour opposer des barrières à ses irruptions.

Il existe toutefois entr'eux une grande différence; c'est que les peuples sont doués de raison, et seraient dociles à la voix de guides impartiaux qui se présenteraient pour les diriger, leur indiquer la voie la plus directe pour arriver à leur but. Malheureusement, chacun de ces peuples est subdivisé en une infinité de classes dont les intérêts sont différens et souvent même entièrement opposés.

Le même dissentiment existe parmi les personnages qui s'offrent pour les conduire à la paix et à la prospérité: car la majeure partie de ceux-ci s'occupe bien plus des moyens de parvenir aux meilleurs emplois et de s'y maintenir, que de la consolidation des avantages acquis à leur patrie et des intérêts et du bonheur de ceux dont ils ont promis de défendre la cause.

Et voilà précisément ce qui a lieu sous le gouvernement doctrinaire, parce qu'il ne veut pas le bien selon l'esprit de la révolution, et, quand même il le voudrait, il ne peut pas maintenant le faire, parce qu'il a perdu la confiance de la nation; ce qui ne se regagne jamais; il est impossible, du reste, qu'un gouvernement, harcelé sans cesse de tous côtés et par tant d'ennemis formidables, et tout préoccupé de sa propre existence et conservation, puisse songer sérieusement aux intérêts et au salut de l'Etat; les ministres devraient donc se retirer, en disant avec Jonas: si nous sommes la cause de l'orage qui gronde, nous nous jeterons dans la mer, nous nous sacrifierons pour l'amour de la paix; alors on les remerciera du bien qu'ils auront fait, et on leur pardonnera le mal dont ils auront été la cause. Voilà ce qui arriverait sous le gouvernement absolutiste, parce que c'est un corps mort, et il faut que tout corps mort, soit politique, soit moral, soit religieux, subisse les lois immuables de la putréfaction et de la décomposition; rien ne peut l'empêcher, c'est dans la nature même des choses; on a beau le galvaniser et s'efforcer de le rappeler à la vie. Voilà ce qui arriverait infailliblement sous la république, parce qu'elle n'a pas de racines, de sympathies assez réelles et assez étendues dans la nation, et par conséquent ne peut lui convenir ni faire son bonheur. Voilà ce qui n'arrivera pas sous le gouvernement du parti-parlementaire-dynastique, parce qu'il est l'expression de la révolution de juillet, le représentant de la nation et l'interprête des vœux du peuple et des besoins du siècle.

Sous ce gouvernement tout marchera vers son véritable but; tout s'améliorera, tout se perfectionnera; un progrès sage et actif se fera sentir et dans la politique et dans la morale. Le règne des lois établi, la religion triomphante, l'instruction organisée, les arts et les sciences perfectionnés, le commerce agrandi, l'agriculture encouragée, les finances mieux administrées, les mœurs plus pures, les lettres renaissantes et propagées, une noble émulation de talens et de vertus excitée.

Enfin des lois, dictées par un esprit de sagesse, de prévoyance et d'équité, cimenteront les parties qui composent le grand édifice de l'état, le mettront à l'abri des révolutions du temps et des frauduleux procédés de la cupidité, de l'avarice et de la mauvaise foi. Le commerce sera porté au plus haut degré de splendeur et de prospérité, et cet ouvrage sera celui des peines, des soins et des sollicitudes paternelles de ces hommes que j'ai indiqués. Puissent les rois avoir toujours pour ministres, de ces hommes intelligens, actifs, laborieux, probes et intègres, de ces vrais citoyens que le zèle du bien public anime, nés pour les grandes choses et plus encore pour la gloire des princes et la félicité des peuples!

Quel heureux changement! Quel magnifique tableau! O France, que ta situation sera alors brillante! terrible par tes forces, admirée par ton industrie, heureuse par ton abondance, tranquille par la sagesse de tes lois, tu donneras à l'Europe entière le plus beau spectacle de l'élévation où une monarchie constitutionnelle puisse atteindre, en devenant encore l'asile des arts, des sciences et des lettres, et la généreuse protectrice de ceux qui les cultivent.

O amour de la patrie, que tu es puissant sur les grandes âmes! les ministres du parti-parlementaire-dynastique ne connaîtront pas d'autre repos, que celui de continuer avec autant d'activité que de persévérance, les pénibles fonctions auxquelles ils seront dévoués: ce ne sera point le désir ambitieux de parvenir au faîte des grandeurs; ce ne sera point la soif dévorante de l'or qui les tourmentera, ils dédaigneront la fortune et son vain apanage; ce ne sera point l'orgueilleux plaisir de dominer et de voir ramper à leurs pieds, une foule de vils complaisans et de lâches adulateurs; ils les mépriseront, et confondus avec la foule des citoyens, ils ne se montreront leurs supérieurs que pour répandre sur eux les grâces et les bienfaits. C'est donc l'amour de la patrie! oui, c'est ce sentiment généreux qui animera les ministres du parti-parlementaire-dynastique, et qui leur fera ajouter de nouveaux travaux à leurs occupations, dès que de nouveaux objets leur paraîtront utiles à cette même patrie. Les traits séducteurs de faux plaisirs n'auront point de prise sur l'âme de ces grands hommes : convaincus du danger de ceux qui corrompent le cœur, ils mépriseront également ceux dont la frivolité est le terme. La rapidité avec laquelle le temps s'écoule, sera toujours présente à leur esprit ; et, s'ils ne peuvent résister à l'impétuosité du tourbillon qui entraîne dans son cours rapide les heures, ils sauront au moins en ménager les instans précieux, et les mettre à profit pour eux-mêmes et pour la société.

Voilà les bienfaits inappréciables d'une bonne administration.... Reposons-nous sur ces délicieuses images; en réfléchissant sur l'avenir, elles mêlent au présent de douces consolations et de flatteuses espérances.

J'espère que ce nouveau gouvernement sera assez fort pour pouvoir imposer aux factions qui allument et entretiennent la guerre civile, qui désole dans ce moment la malheureuse Espagne; car c'est une chose déplorable, un scandale affreux qui afflige l'humanité en général, que tant de sang inutilement versé, et d'autant plus que c'est pour mettre sur le trône un enfant ou un vieillard. Les nations voisines doivent-elles intervenir en pareil cas, ou bien rester spectatrices impassibles, tranquilles observatrices en présence d'un tel carnage, d'un pareil malheur? Voici une question générale qu'on peut proposer relativement à ce sujet : lorsque des commotions intestines et une guerre civile éclatent dans un pays quelconque, par la raison que les habitans insensés, aveuglés par leurs passions et animés d'un esprit de parti, préfèrent se précipiter dans toutes les horreurs, atrocités et calamités inséparables d'une telle guerre, que de décider la question en litige par la voie simple, naturelle et pacifique de la majorité des votes exprimée et manifestée d'une manière claire, non équivoque, calme et légale par les représentans de la nation, réunis et délibérant d'après les formalités prescrites par la raison et la justice antérieures à toute autre loi, et constitutionnelles par le droit et le fait, dans ce cas, dis-je, les nations voisines sont-elles obligées ou non d'intervenir, afin de mettre un terme à un pareil désordre et à l'effusion de sang qui va s'en suivre? Pour moi, je pense qu'elles sont obligées d'intervenir; je crois, d'après les principes de la raison, de la philosophie, de la politique, de l'humanité et de la religion surtout, qu'en cas de guerre civile dans un pays quelconque, la nation ou les nations voisines sont rigoureusement obligées et tenues en conscience d'intervenir et d'offrir aux partis qui s'entremassacrent le bon service de leur médiation, et qu'elles ne peuvent rester spectatrices insensibles et témoins indifférens d'un pareil scandale, d'une semblable atrocité, sans se rendre extrêmement coupables, en quelque sorte même complices d'un pareil forfait. Car si l'on est obligé en conscience d'accourir et d'intervenir, au risque même de sa propre vie, dans le cas d'un simple assassinat, où il ne s'agit pourtant que de la vie d'un seul homme, on doit l'être également au moins, et même davantage, *à plus forte raison, a fortiori*, quand il s'agit de la vie de plusieurs milliers de personnes, ce qui est un assassinat complexe, un assassinat d'une plus criminelle gravité, un assassinat du premier ordre. Car il me semble que les motifs déterminans, l'obligation pressante d'intervenir, doivent s'accroître en *raison directe* du nombre d'individus qui sont exposés à perdre la vie; car si la perte, la mort d'un seul citoyen est une calamité publique, une perte irréparable, un crime affreux aux yeux de la société, cette mère commune, il est donc évident que celle de plusieurs milliers doit l'être bien davantage, par la raison qu'il y a plus de calamités, plus de pertes, plus d'insultes, plus de crimes; car il existe parmi tous les peuples des rapports d'espèce, des liens d'amitié, de bienveillance, de confraternité, d'humanité et de moralité qu'ils ne doivent jamais rompre. Car toutes les nations sur la terre ne forment, aux yeux de la raison, de la philosophie et de la religion, qu'une seule et immense famille, dont les membres sont unis par des liens indissolubles d'amour et de réciprocité, et par conséquent ce qui affecte une partie ou plusieurs parties de cette famille ou corps immense, affecte également le tout et rejaillit sur tous les membres, et en conséquence réclame la main d'un ami, d'un protecteur, d'un vengeur, l'intervention, le secours et la médiation de ses frères.

D'ailleurs, les raisons, les argumens de l'analogie, de *e pari*, de *à fortiori*, se présentent ici dans toute leur force. Il y avait autrefois une loi sage en Égypte, d'après laquelle, celui qui ne porterait pas du secours à celui que l'on assassinerait, mais qui s'enfuirait, serait regardé et traité avec la même sévérité que l'assassin lui-même.

Et en effet, si l'on est obligé en conscience de voler au secours de celui que l'on assassine ; si l'on est obligé d'accourir et d'entrer dans la demeure même des voisins qui s'égorgent, en brisant la porte, en cassant les fenêtres, en démolissant la toiture et en renversant même les murs de la maison, si l'on n'y peut entrer autrement pour sauver la vie de celui que l'on assassine ; si l'on est obligé d'aller dans une paroisse voisine afin de séparer des partis, des clans qui se combattent et se menacent de mort, afin de les éloigner et les empêcher de s'entretuer, pourquoi ne serait-on pas obligé par la même raison, et d'après les mêmes principes d'humanité, d'entrer dans un pays voisin, afin de séparer les partis, les calmer, leur faire poser les armes et arrêter ainsi l'effusion de sang et la *perpétration* de carnage ? Je ne vois aucune raison pourquoi on ne le serait pas ; je ne conçois pas sur quels principes seraient fondés les raisonnemens de ceux qui voudraient l'empêcher, ou quels prétextes plausibles on pourrait même alléguer contre une telle démarche, non moins juste et raisonnable que pacifique et humaine.

S'il est vrai, comme je viens de le remarquer et comme tout le monde en convient, qu'il faut s'efforcer par tous les moyens possibles d'empêcher l'assassinat d'un seul homme, je ne vois aucune raison pourquoi on ne serait pas également obligé d'empêcher l'assassinat, le massacre de plusieurs milliers d'hommes ; au contraire, je vois mille raisons qui militent en faveur de l'opinion opposée.

Et certes, si un simple meurtre mérite que l'on

en arrête l'exécution, la consommation atroce, et que l'on punisse par la mort l'auteur d'un pareil attentat, à plus forte raison le carnage de plusieurs milliers doit attirer les égards et l'attention de l'humanité et de la société, parce qu'il est infiniment plus atroce et plus criminel ; car le meurtre de plusieurs personnes est un assassinat complexe, et par conséquent présente des caractères de criminalité bien autrement graves, infiniment plus grands qu'un simple assassinat, en proportion géométrique du nombre d'individus assassinés. Je conclus donc de ce que je viens de dire, qu'en cas que des divisions intestines et une guerre civile, qui présentent des caractères d'opiniâtreté, de désordre, de danger, de gravité et de durée, éclatent dans un pays quelconque, la nation ou les nations voisines sont strictement obligées d'intervenir, et doivent en conscience et par les motifs puissans d'humanité y envoyer d'abord des délégués pour faire des remontrances aux partis acharnés et les engager, par les voies de persuasion, de se désister et de cesser de donner du scandale et un mauvais exemple aux autres peuples; et qu'en cas de refus d'obtempérer à ce conseil salutaire, à cette invitation amicale, à cette médiation fraternelle, elles doivent envoyer et faire entrer sans délai dans leur pays une force armée suffisante pour les contraindre à se soumettre à la voie que la raison, la justice et la légalité prescrivent en pareille crise, c'est-à-dire de faciliter les moyens à la majorité saine et éclairée de la nation de se prononcer, de se déclarer et d'exprimer sa volonté souveraine, par l'intermédiaire de ses députés réunis *ad hoc* (pour cela), et délibérant et agissant en des circonstances convenables, *in debitis circumstantiis*. Cette voie doit être fixe, convenue, invariable et sacrée. C'est le seul moyen sûr, légal et juste d'intervenir et de se rendre utile, et non pas pour prendre aveuglément et directement sous sa protection la cause de l'un ou de l'autre parti, sans aucun examen préalable, sans connaissance de cause, mais pour donner la facilité à la nation d'exprimer et de faire connaître sa volonté souveraine par une voie calme, légale, constitutionnelle et pacifique.

Hélas! quelle preuve plus frappante pouvons-nous avoir de la dureté du cœur et de la cruauté du caractère de l'homme, que l'indifférence totale et l'insensibilité impitoyable qu'il montre en présence de tant de malheurs qui accablent, couvrent de deuil et plongent dans le désespoir tant de familles, un si grand nombre de ses semblables, que l'espèce de plaisir cruel même qu'il éprouve au récit des marches et contre-marches, des manœuvres et des évolutions, des embuscades et des ruses militaires habilement employées par l'une et l'autre des armées, pour envelopper, combattre et détruire ses ennemis! Il est toujours certain que bien des gens entendent parler avec beaucoup plus de satisfaction, des siéges, des batailles, des guerres et des massacres, que des trêves, des suspensions d'hostilités, des arrangemens et des traités de paix!

Si le roi adopte le système de gouvernement que représente le parti parlementaire-dynastique (1), c'est alors qu'il sera soutenu et protégé d'une manière ferme contre toutes les attaques dirigées contre sa personne et sa réputation ; car si le premier magistrat n'est pas respecté, la loi ne le sera pas non plus ; car le peuple les confond et les identifie toujours : en effet, le magistrat est la loi *vivante*, la loi *ambulante*, la loi en *pratique*. C'est alors qu'il sera véritablement placé dans une région supérieure, inaccessible aux orages des passions et des partis, et qu'il verra d'un œil tranquille rouler sous ses pieds ces

(1) Je regrette vivement que mes occupations et la brièveté du temps ne m'aient pas permis de donner à cet important sujet tous les soins, toute l'attention et tous les développemens qu'il exige et dont il est susceptible. Mais j'espère que le peu de choses que j'ai dites, les idées que j'ai émises et les réflexions que j'ai faites peuvent être de quelque utilité à ceux qui veulent approfondir ce sujet qui intéresse tant la prospérité de la France, et auquel nul Français, qui tient au cœur tant soit peu le bonheur de son pays, ne peut être indifférent sans être mauvais citoyen : car s'il est quelquefois absurde et criminel même pour chaque ignorant de se mêler trop du gouvernement du pays, il n'est pas moins criminel et insensé pour un citoyen d'y être tout-à-fait indifférent et apathique. Car il est certain que cette question est extrêmement intéressante et d'une infiniment plus grande importance qu'on ne le croit ordinairement. Mais comme tant d'autres choses graves, il est négligé, tandis qu'on se jette corps et âme dans des folies et des extravagances qui ne servent qu'à faire perdre le temps et à remplir la tête d'absurdités. Ce sont là ces extrêmes dangereux et déplorables qui sont la cause funeste des désordres qui désolent la société et des catastrophes désastreuses qui en résultent !

nuages épais et sombres, avant-coureurs des grands malheurs qui rembrunissent l'horizon politique; c'est alors qu'il verra sans crainte et sans inquiétude s'élancer les traits enflammés des éclairs qui sillonnent l'atmosphère sociale; c'est alors qu'il entendra sans émotion gronder dans une région inférieure les tonnerres terribles des insurrections nobiliaires et des commotions populaires; c'est alors qu'il entendra sans avoir rien à craindre les cris et les hurlemens affreux des partis et la rage furieuse des factions impuissantes dont les flèches empoisonnées, émoussées par une résistance légale, viendront mourir à ses pieds tranquilles!

Mais si la justice, le bonheur, la gloire et la paix vont se fixer enfin dans ce royaume, si les fastes de ce pays brillent d'un grand éclat; si les âmes de ses habitans s'élèvent, en lisant quelques pages de l'histoire de ses actions et de ses exploits brillans, n'oubliez pas que vous le devez en grande partie aux travaux et aux veilles des hommes savans qui ont répandu une lumière pure et vive sur toutes les parties de ce bel et vaste empire.

Espérons donc que tous ces hommes de talens s'empresseront de soutenir le gouvernement du parti parlementaire-dynastique, qui sera éminemment protecteur des hommes de lettres. Ils peuvent être assurés qu'ils seront respectés et honorés pendant son administration.

Qu'ils viennent donc ces hommes vénérables, par leurs connaissances dans la littérature et dans les sciences, qui ont consumé leurs forces, vieilli et blanchi dans les pénibles travaux de l'instruction et dans la propagation des connaissances et des lumières, si nécessaires et si utiles à la prospérité de la société; qu'ils viennent, dis-je, au milieu de nous, jouir du fruit de leurs ouvrages, de leurs peines et de leurs élucubrations, ces hommes respectables qui, uniquement occupés des moyens d'éclairer les autres, ont totalement négligé leurs intérêts propres : le respect, la reconaissance et l'admiration les attendent; la patrie qu'ils ont éclairée et servie les couvrira de ses rayons, les environnera de sa gloire, les comblera de ses bienfaits.

C'est à toi, grand roi, qui les as si souvent excités et encouragés à la propagation des connaissances utiles, d'accueillir (1) avec attendrissement leurs respectables débris, et les fruits de leurs travaux littéraires; de leur montrer qu'un savant, rendu à ses foyers, réduit à une honorable indigence, dans sa vieillesse, est le premier orphelin de la patrie.

Mais souviens-toi que tu as encore un autre tâche auguste à remplir. C'est peu d'avoir cueilli dans les pays étrangers les palmes de l'honneur et d'en avoir

(1) Auguste et Louis XIV se sont immortalisés à jamais par l'accueil et l'encouragement qu'ils ont donnés aux hommes de lettres, qui, à leur tour, leur ont prêté, par la seule force et autorité de la raison et de la philosophie, un appui plus ferme que ne pouvaient leur donner les armées les plus nombreuses, les mieux disciplinées et les plus puissantes! Un roi protecteur des lettres et ami de la justice n'a jamais rien à craindre!

apporté des lois sages et justes, d'avoir acquis la paix pour le peuple, tu dois encore assurer à la France la plénitude de ces bienfaits, faire succéder à la gloire dont tu l'as investie, la gloire plus étendue et plus douce d'un peuple franc, généreux et juste, et qui a une grande renommée à soutenir.

Plus heureux que tant d'illustres victimes, mais reservé pour de plus hautes destinées, tu as échappé aux fureurs de l'anarchie, aux factions et à l'envie : réalise pour la France la sublimité des projets que ta grande âme et ton vaste génie ont conçus..... Donne un noble exemple de prudence, de modération et de sagesse à tous les rois de la terre.

Tu es dans cette saison de la vie où l'homme joint à la virilité de l'âge, toute la force de la maturité, les avantages de la réflexion et les richesses de l'expérience. Juste sans sévérité, modéré sans faiblesse, magnifique sans luxe, libéral sans prodigalité, économe sans avarice, tu réunis dans ta personne et la grande politique d'un homme d'état et le courage d'un héros et la simplicité des mœurs antiques. Tu donnes une sage liberté à tout le monde; tu encourages la vertu, et réprimes également le vice. Sous l'empire de ton gouvernement les gens vertueux sont encouragés, les méchans seuls y trouvent l'épouvante et la mort; tu t'efforces d'établir l'équilibre des pouvoirs, en rendant tes ministres et les autres autorités civiles, responsables de leur administration. Aujourd'hui les travaux qui doivent te conduire par dégrés vers ce but important, se multiplient continuellement; les désordres qui ont compromis la tranquillité publique sont réprimés; tout est heureusement rentré dans l'ordre par ta sagesse et par ta fermeté inébranlable, soutenue par l'autorité suprême et imposante des représentans de la nation: de sorte que tu te montres tous les jours un grand roi, et digne de régner sur un grand peuple. En un mot, tu ne laisses rien à désirer à l'homme raisonnable qui sait, et qui est capable d'apprécier ce qui est nécessaire à l'existence et au bonheur de la société, et de distinguer l'utile d'avec ce qui lui est nuisible. Tu es un profond philosophe, un législateur éclairé, un politique habile; enfin tu es le Sésostris de notre siècle, le roi des Français, l'élu d'un peuple libre et indépendant, tu dois faire une époque célèbre dans l'histoire des grands souverains constitutionnels.....

Sous ton règne, rien n'est en souffrance malgré la complication inouie d'évènemens extraordinaires difficiles à démêler; la nation, sous les auspices d'une nouvelle dynastie qu'elle vient de choisir, avance rapidement vers un meilleur avenir; la nation en paix avec le monde, s'est noblement débarrassée des entraves sans nombre où des malheurs sans exemple avaient jeté ses destinées; elle marche libre et honorée vers un avenir d'ordre, de paix et de bonheur dont elle ne peut être détournée que par ses propres fautes. Ta sagesse, celle de la nation, nous en garantiront toujours, et une prospérité croissante sera le prix de tant de généreux efforts. C'est ainsi que si le passé est tranquillisant, nous pouvons également jeter les yeux avec sécurité et satisfaction sur le présent et sur l'avenir. La persévérance dans le système du gouvernement constitutionnel, qui a eu jusqu'à présent de si heureux résultats, malgré tant d'entraves, dépend désormais d'une volonté dont nous sommes les maîtres, depuis que la nation s'est donné une charte admirable qui doit nécessairement faire le bonheur des Français. Semblable à un pilote habile, tu as dirigé adroitement et conduit heureusement au port du salut le grand vaisseau politique de l'état à travers les sables mouvans et les écueils dangereux d'une mer troublée et agitée par de longs et terribles orages, au milieu des éclairs des tempêtes révolutionnaires qui ont grondé pendant si longtemps sur le faîte de l'antique et majestueux édifice de la société. Tu n'as qu'une chose à faire encore pour remplir dignement ta haute mission, achever la grande œuvre de régénération que la révolution a commencée, couronner le noble projet de réformes politiques et morales qu'elle s'est proposé, c'est d'exécuter avec une activité infatigable et de hâter avec une fermeté inébranlable le grand ouvrage dont elle a conçu le vaste plan, en poussant la construction et élevant la superstructure de l'édifice, dont elle-même a déjà posé les fondemens : cette tâche sublime, tu l'as déjà en grande partie remplie.

Le moyen le plus sûr et le plus certain de rassurer le salut de l'état, le tien et celui du peuple, est de marcher toujours dans la glorieuse carrière où tu es entré et que la révolution t'a tracée; de choisir scrupuleusement de dignes ministres, et de mettre à la tête des affaires, tant ecclésiastiques que politiques, des hommes intacts, généreux et d'une rectitude parfaite, des hommes consciencieux capables de les remplir; des hommes qui aiment par-dessus toutes choses la vérité et la justice, et qui soient prêts à chaque instant à leur sacrifier tous leurs intérêts personnels. Le choix des ministres immoraux, improbes et indignes est un scandale affreux, une calamité publique. Écarte de ta personne et de ton conseil ces hommes de prétentieuse nullité, qui aiment toujours les extrêmes et qui voudraient à tout prix fausser les principes de juillet, rétablir et introduire des usages qui ne sont plus compatibles avec les lumières, ni conformes au génie, ni appropriés à l'esprit éclairé de notre siècle. Ils prétendent que ces usages sont absolument nécessaires pour la prospérité de la France; mais ne les crois pas, méfie-toi de leurs sophismes captieux et de leurs raisonnemens spécieux; car souvent dans tous leurs beaux discours et sous le masque de leur hypocrisie, ils ne voient, ils ne cherchent que l'accomplissement de leurs projets ambitieux et leurs intérêts propres qu'ils confondent *astucieusement* avec ceux de la nation. La vérité est simple, solide et inaltérable; elle triomphera tôt ou tard, elle seule survivra à la destruction, à l'anéantissement de toutes choses. Etablis donc surtout un système de gouvernement fixe et libéral, un ordre de choses sage, stable et juste qui soit digne du temps où nous vivons : donne à tous une sage liberté également éloignée de la licence et du rigorisme ; plus tu en donneras, et plus tu en auras toi-même. Suis toujours la ligne droite de la rectitude, de la prudence et de la justice que tu t'es tracée ; garde le sage milieu que recommande l'état actuel de la France et de l'Europe ; tiens-toi bien sur tes gardes contre les suggestions insidieuses, contre les conseils flatteurs et trompeurs de toute espèce d'hommes, quelles que soient leurs prétentions, qui ne sont pas capables de juger de la position actuelle de la politique de l'Europe, et qui ne sont pas non plus intéressés à la connaître ; repousse et éloigne de ta confiance et de tes conseils, soit tous ces esprits faibles. minutieux et vacillans dont les vues sont bornées et rampantes et le zèle prétendu est toujours soupçonneux et même dangereux, n'ayant pas des idées justes de l'ordre des choses, du système de législation qui convient au caractère mâle du grand peuple européen, et qui est même absolument nécessaire pour ses besoins présens ; soit ceux qui, pressés par l'esprit de révolte, inspirés du démon du désordre et tourmentés par l'amour de la célébrité et dévorés par la soif des richesses et d'une ambition démesurée, ne cherchent que les fumées et les ténèbres d'un volcan révolutionnaire pour cacher leurs perfides desseins et exécuter leurs noirs projets, qui ne voient dans le grand nombre de leurs semblables que des êtres inférieurs et des ministres de leur vanité. Inébranlable au milieu des orages des passions de ces partis et de toutes ces factions qui déchirent impitoyablement le sein de la patrie, oppose-leur continuellement le bouclier de ta fermeté, en observant toujours les règles imprescriptibles, les lois invariables de l'impartialité, de la justice et de la vérité. Ce sont-là les écueils dangereux de Charibde et de Scylla qu'il faut éviter également; c'est-là la grande difficulté (1), c'est en dirigeant habilement le grand vaisseau de l'état entre ces deux extrêmes, entre ces affreux abîmes, entre ces rochers périlleux (2), que tu feras éclater à la fois et ton expérience et ta prudence et ta sagesse, et que tu sauveras en même temps le peuple, en l'élevant au faîte du bonheur et de la gloire. Il faut bien étudier le caractère du peuple sur lequel tu règnes; rappelle-toi que c'est un peuple léger, inconstant, spirituel, ardent, impatient du joug, jaloux de ses droits, sévère envers ses magistrats, aimant la nouveauté, remuant, turbulent quoique brave, qui n'est pas facile à gouverner, à qui il est difficile de plaire; il a besoin (comme disait autrefois Henri IV en parlant des Normands), d'être tenu et gouverné d'une main ferme, impartiale et juste.

Montre-toi inflexible à la flatterie, cette peste des cours, cette corruptrice des rois, et inaccessible à toute espèce de faiblesses et de fautes quelconques,

(1) Hic labor, hoc opus.

(2) Inter utrumque tene..... medio tutissimus ibis.

qui pourraient ternir cette gloire immortelle que tu as déjà si justement acquise, et que tu mérites à tant de titres; sois le soutien le plus fort, l'appui le plus puissant, le bouclier le plus solide et le défenseur le plus intrépide de tous et principalement de ceux qui sont tourmentés et persécutés par la main cruelle des oppresseurs. Prête une oreille attentive et ne ferme jamais la porte de ton cœur à la voix faible et plaintive de l'humanité souffrante. Fais voir à l'univers, et spécialement aux rois absolus, que la liberté de laquelle tu es chargée de soutenir la cause et les droits, garantit le trône en même temps qu'elle protège le peuple; qu'elle a pour cortège l'ordre et la justice, qu'elle répond avec effusion de cœur à l'amitié, et avec énergie au despotisme; enfin, qu'il n'y a rien dont ne soit capable une nation libre et indépendante qui a pour Chef un prince magnanime; fais sentir aux oppresseurs de l'humanité combien il est doux et honorable de régner sur des hommes libres. C'est ainsi, qu'en suivant la route sûre et glorieuse de la simplicité, de la vigilance, du devoir et de la grandeur, tu seras le digne successeur de Henri-le-Grand, tu honoreras l'antique et vénérable royauté constitutionnelle aussi ancienne que le monde lui-même, et qu'enfin tu retraceras sur la terre la divinité dont tu es en quelque sorte (en tant que tu es l'ami de l'ordre, le ministre de la justice et le type de l'unité) l'image et le représentant.

Souviens-toi qu'un roi doit être le premier à se soumettre à la loi comme principal membre du pouvoir exécutif, et que dans un gouvernement constitutionnel et libre, toute pensée immuable lui est rigoureusement défendue, et qu'il est obligé en conscience de suivre la majorité *réelle* exprimée d'une manière légale, et non pas la majorité *factice* gagnée par la corruption ministérielle. Et certes, pourquoi un roi se refuserait-il à se soumettre, à se conformer aux règles invariables et aux lois éternelles de l'ordre, de la justice et de la vérité, puisque Dieu lui-même, roi des rois, roi par excellence, roi du ciel et de la terre, s'y soumet et modèle toute sa conduite là-dessus? Et tout roi doit être convaincu de cette grande vérité comme d'un axiôme politique incontestable, qu'il n'a aucun droit ni aucune autorité que celle qu'il reçoit directement de la nation qui l'appelle au gouvernement des affaires; et par conséquent qu'il n'a aucun droit ni prétexte même spécieux de violer ni de changer les lois qu'elle a confectionnées. C'est faute de n'avoir pas fait assez d'attention à cette vérité, ou d'avoir violé un droit non moins clair et imprescriptible que juste et sacré, que tant de maux affligent la société, que tant de révolutions sanglantes et à jamais déplorables sont arrivées dans le monde; *intelligite qui judicamini terram*, etc.

Imite les Codrus, les Trajan, les Antonin, les Marc-Aurèle et surtout ce bon et vertueux empereur romain, Titus, qui était un homme de si bonne disposition, que se rappelant un soir, comme il était assis à souper, qu'il n'avait pas fait une bonne action ce jour-là, s'écria : mes amis, j'ai perdu un jour! Ce prince fut justement surnommé par son peuple, *les délices du genre humain*. Heureux sont les princes qui savent si bien la valeur du temps, et qui en font un si bon usage. Ce sont là les grands princes qu'il faut imiter, et non pas ces mauvais rois qui, au lieu de faire le bonheur de l'espèce humaine, par leur amour de la justice, de l'ordre et de la liberté, en sont au contraire les fléaux les plus redoutables, à raison de leur mauvaise conduite, de leur cruauté, de leur injustice et de leur tyrannie! C'est en suivant les traces de tels modèles que tu t'immortaliseras et que tu feras la félicité du peuple généreux, qui t'a confié en quelque sorte ses destinées présentes et futures! . . . . .

Il faut bien te garder de te laisser éblouir par le vif éclat et les prestiges fastueux qui t'entourent; si on ne se sent pas la force d'y résister, en se sacrifiant comme une espèce de victime ou d'holocauste à la chose publique, on doit abdiquer : car une responsabilité terrible est attachée à une telle charge et pèse comme du plomb sur la tête de celui qui l'accepte. Un roi dans un gouvernement constitutionnel ou mixte, à la fois *monarchico-aristocratico-démocratique*, qui est responsable à la nation de l'usage qu'il fait du dépô sacré des lois qu'on lui confie, et qui est chargé d'une manière spéciale de leur exécution, ne peut pas en conséquence passer son temps d'une manière efféminée et oisive, *sardanapalement*, adonné à des plaisirs frivoles et criminels, comme ces rois fainéans d'autrefois, qui ne faisaient que *manger*, *boire*, *dormir* et *s'amuser*; qui se tenaient renfermés comme des idoles dans les appartemens fastueux et somptueusement meublés de leurs superbes Palais. Ce serait perdre un temps précieux qui ne lui appartient pas et qui doit être employé, consacré aux affaires de l'Etat, à la surveillance des différentes branches de l'administration, enfin au bien du peuple et aux soins des affaires publiques. Tel ne sera pas le genre de vie que tu meneras, roi élu par le peuple, tu consacreras, comme par le passé, tous tes momens à l'administration des affaires publiques et aux nobles fonctions de la royauté constitutionelle!

Vois comme autour de toi les esprits s'agitent! comme les âmes s'élèvent! comme les cœurs tressaillent de joie! comme il règne une noble émulation de talens et de vertus! Profite de ces mouvemens spontanés, de l'ascendant que tu as obtenu, de l'enthousiasme que tu inspires par ta sagesse, ta modération et la constitutionnalité de tes principes et de ta conduite, depuis que la nation t'a appelé à la tête du pouvoir exécutif.

Que n'as-tu droit d'attendre d'une nation où l'on trouve le commerce de Carthage, l'industrie de Corinthe, les canaux de la Chine, les pyramides et l'architecture de l'Égypte, les belles rivières et les fleuves majestueux de l'Amérique, les immenses plaines d'Ausonie, les troupeaux d'Arcadie, l'atticisme et le génie d'Athènes, les soldats et la discipline de Lacédémone, l'héroïsme et l'intrépidité de Sparte, le courage, le dévouement et les vertus civiles de Rome!

FIN.

www.ingramcontent.com/pod-product-compliance
Ingram Content Group UK Ltd.
Pitfield, Milton Keynes, MK11 3LW, UK
UKHW021905260726
13966UKWH00006B/807